汽车行驶转向制动系统的故障诊断与修复

主　编　褚红宽
副主编　蔡　军　郝宏伟　蒋卫东
参　编　石反修　刘猛洪　李　波
　　　　张玉华　文仁波
主　审　孙志春

北京理工大学出版社
BEIJING INSTITUTE OF TECHNOLOGY PRESS

版权专有　侵权必究

图书在版编目（CIP）数据

汽车行驶转向制动系统的故障诊断与修复／褚红宽主编．—北京：北京理工大学出版社，2015.7（2024.1 重印）

ISBN 978-7-5682-1048-5

Ⅰ.①汽…　Ⅱ.①褚…　Ⅲ.①汽车-行驶系-车辆检修-高等学校育-教材②汽车-转向装置-车辆检修-高等学校-教材③汽车-制动装置-车辆检修-高等学校-教材　Ⅳ.①U472.41

中国版本图书馆 CIP 数据核字（2015）第 190544 号

责任编辑：张慧峰　　**文案编辑**：多海鹏
责任校对：孟祥敬　　**责任印制**：李志强

出版发行／	北京理工大学出版社有限责任公司
社　　址／	北京市丰台区四合庄路 6 号
邮　　编／	100070
电　　话／	（010）68914026（教材售后服务热线）
	（010）68944437（课件资源服务热线）
网　　址／	http：//www.bitpress.com.cn
版 印 次／	2024 年 1 月第 1 版第 4 次印刷
印　　刷／	廊坊市印艺阁数字科技有限公司
开　　本／	787 mm×1092 mm　1/16
印　　张／	12.5
字　　数／	290 千字
定　　价／	43.00 元

图书出现印装质量问题，请拨打售后服务热线，负责调换

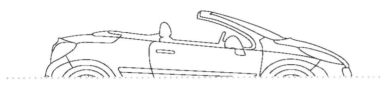 

前言

  本教材是校企共同开发，根据省级精品课程"汽车行驶转向制动系统的工作诊断与修复"进行编写的；全书图文并茂，直观易懂，言简意赅，可以激发学生兴趣，非常有利于使用者的学习和掌握；在内容上突出基础理论的理解掌握和实践能力的培养，突出针对性和实用性。

  作者为满足高等职业院校汽车专业的教学需要，使广大师生基于工作过程进行教学，编写了本教材。

  本书共分十个学习情境，主要包括汽车底盘行驶系、转向系、制动系等的结构、原理、检测及维修等内容，适合高职高专汽车检测与维修技术专业使用。

  本书由褚红宽任主编，蔡军、郗宏伟、蒋卫东任副主编，李波（润华汽车集团技术总监）、文仁波（东风本田4S店站长）、张玉华（润华汽车集团技术总监）、石反修、刘猛洪参与了编写。全书由孙志春进行统稿。本书在编写过程中得到了润华汽车集团、山东东岳专用汽车有限公司、山推工程机械股份有限公司、东风本田济宁分公司、济宁振宁汽车修理厂等汽车企业的大力支持，在此一并表示诚挚的谢意。

  由于作者水平有限，欠妥或错误之处在所难免，恳请读者批评指正。

编 者

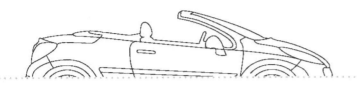

学习情境一	制动跑偏故障的诊断与修复	001
学习情境二	停车制动失效故障的诊断与修复	016
学习情境三	ABS 失效故障的诊断与修复	022
学习情境四	ESP 失效故障的诊断与修复	039
学习情境五	汽车前轮摆振故障的诊断与修复	048
学习情境六	汽车行驶跑偏故障的诊断与修复	086
学习情境七	车身高度失去控制故障的诊断与修复	115
学习情境八	乘坐舒适性差故障的诊断与修复	132
学习情境九	转向不灵敏故障的诊断与修复	144
学习情境十	转向沉重故障的诊断与修复	168
参考文献		192

学习情境一

制动跑偏故障的诊断与修复

当汽车行驶在宽阔平坦且车流和人流较少的路况下时，可以通过高速行驶来提高运输生产效率。但汽车行驶过程中也会遇到复杂多变的路面状况，如进入弯道、遇到不平的道路、两车交会、突遇障碍物等，为了保证行驶安全，就要求汽车在尽可能短的距离内将车速降低，甚至停车。为了提高汽车安全行驶的性能，汽车设置了制动系统。

一、制动系统功用

汽车制动系统的功用是根据需要，使汽车减速或在最短的距离内停车，以保证行车安全。

二、制动系统分类

1. 汽车制动系统按功能不同分

（1）驻车制动装置：主要用于停车后防止车辆滑溜。
（2）行车制动装置：使行驶中的汽车按照驾驶员的要求进行适时减速和停车。
（3）应急制动装置：主要用独立的管路控制车轮制动器，一般作为备用系统。

2. 制动传动机构按制动力源分

（1）人力式制动传动机构：单靠驾驶员施加于制动踏板或手柄上的力作为制动力源的传动机构。其又分液压式和机械式两种，机械式仅用于驻车制动。
（2）伺服制动传动机构：利用发动机的动力作为制动力源，并由驾驶员通过踏板或手柄加以控制的传动机构。其又分为气压式、真空液压式和空气液压式。

三、制动系统组成

任何汽车制动系统都具有以下四个基本组成部分，如图1.1所示。
（1）供能装置：包括供给、调节制动所需能量以及改善传能介质状态的各种部件。
（2）控制装置：包括产生制动动作和控制制动效能的各种部件，如制动踏板。
（3）传动装置：包括将制动能量传输到制动器的各个部件，如制动主缸和制动轮缸。
（4）制动器：产生阻碍车辆的运动或运动趋势的力（制动力）的部件，其中也包括辅

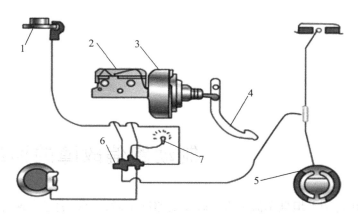

图 1.1 轿车典型制动系统组成示意图
1—前轮盘式制动器；2—制动主缸；3—真空助力器；4—制动踏板机构；
5—后轮鼓式制动器；6—制动组合阀；7—制动警示灯

助制动系统中的缓速装置。

较为完善的制动系统还有制动力调节装置。如用来调节前后车轮制动力的分配元件、制动防抱死（ABS）系统、EBD 电子制动力分配系统、ESP 电子稳定系统和 TRC（ASR）驱动防滑系统（或称牵引力控制系统）。

此外，许多汽车还装有第二制动装置，其作用是一旦行车制动装置失效，保证汽车仍能实现减速或停车。经常在山区行驶的汽车，若单靠行车制动装置来限制下长坡的汽车车速，则可能导致制动器过热而降低制动效能，甚至完全失效，故还应增装辅助制动装置。另外，较完善的制动系还具有报警装置、压力保护装置等附加装置。

四、制动系统的工作原理

制动系统的工作原理是，利用与车身或车架相连的非旋转元件及与车轮或传动轴相连的旋转元件之间的相互摩擦，来阻止车轮的转动或转动的趋势，并将运动着的汽车的动能转化为摩擦副的热能散到大气中。

图 1.2 所示为一种简单的液压制动系统工作原理示意图。以内圆面为工作表面的金属制动鼓 8 固定在车轮轮毂上，随车轮一同旋转。在固定不动的轮缸底板 11 上有两个支撑销 12，支撑着两个弧形制动蹄 10 的下端，制动蹄的外圆面上装有摩擦片 9。轮缸底板上还装有液压制动轮缸 6，用油管 5 与装在车架上的液压制动主缸 4 相连通。驾驶员踩踏制动踏板 1，经过推杆 2 来操纵主缸活塞 3。

工作过程：制动系统不工作时，制动鼓的内圆面与制动蹄摩擦片的外圆面之间保持一定的间隙，简称制动间隙。它使车轮和制动鼓可以自由旋转。若使行驶中的汽车减速或停车，驾驶员应踩下制动踏板 1，通过推杆 2 推动主缸活塞 3，使主缸内的油液在一定压力下流入轮缸，并通过两个轮缸活塞 7 推动两制动蹄绕支撑销旋转，上端向两边分开并以其摩擦片压紧于制动鼓的内端面上。这样，不旋转的制动蹄就对旋转着的制动鼓作用一个摩擦力矩 M_μ，其方向与车轮旋转方向相反。制动鼓将该力矩 M_μ 传到车轮后，由于车轮与路面间有附着作

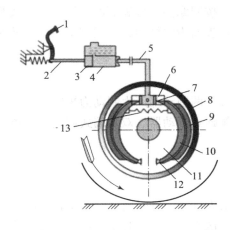
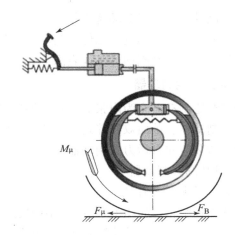

图 1.2　液压制动系统工作原理示意图

1—制动踏板；2—推杆；3—主缸活塞；4—制动主缸；5—油管；6—制动轮缸；7—轮缸活塞；
8—制动鼓；9—摩擦片；10—制动蹄；11—轮缸底板；12—支撑销；13—制动蹄复位弹簧

用，车轮对路面作用一个向前的周缘力 F_μ，同时路面也对车轮作用着一个向后的反作用力，即制动力 F_b。制动力 F_b 由车轮经车桥和悬架传给车架及车身，迫使整个汽车产生一定的减速度。制动力越大，则汽车减速度越大。当放开制动踏板时，制动蹄复位弹簧 13 将制动蹄拉回原位，摩擦力矩 M_μ 和制动力 F_b 消失，制动作用即终止。

当然，阻碍汽车运动的制动力 F_b 不仅取决于制动力矩 M_μ，还取决于轮胎与路面间的附着条件。在讨论制动系的结构问题时，一般假定路面都具备良好的附着条件。

五、对制动系统的要求

为了保证汽车能在安全条件下发挥出高速行驶的能力，制动系必须满足下列要求：
（1）具有良好的制动性能，其评价指标有：制动距离、制动减速度、制动力和制动时间。
（2）操纵轻便，即操纵制动系统所需的力不应过大。
（3）制动稳定性好，即制动时，前后车轮制动力分配合理。
（4）制动平顺性好，制动力矩能迅速而平稳地增加，亦能迅速而彻底地解除。
（5）散热性好，摩擦片的散热能力要高，水湿后恢复能力快。
（6）对挂车的制动系统，还要求挂车的制动作用应略早于主车；挂车自行脱挂时能自动进行应急制动。

六、制动器

凡利用固定元件与旋转元件的工作表面摩擦而产生制动作用的制动器均称为摩擦制动器。摩擦制动器按照制动力矩产生的位置不同分为车轮制动器和中央制动器。车轮制动器的旋转元件固装在车轮或半轴上，制动力矩作用于两侧车轮；中央制动器的旋转元件固装在传动轴上,制动力矩需经驱动桥再作用于两侧车轮。按照摩擦工作表面的不同分为鼓式和盘式制动器。鼓式制动器的旋转元件为制动鼓,其工作表面为圆柱面;盘式制动器的旋转元件为圆盘状的制动盘,其端面为工作表面。

1. 鼓式车轮制动器

鼓式车轮制动器多为内张双蹄式,根据制动过程两制动蹄产生制动力矩的不同,可分为领从蹄式制动器、单向双领蹄式制动器、双向双领蹄式制动器、双从蹄式制动器、单向自增力式制动器和双向自增力式制动器。

1) 领从蹄式制动器

(1) 增势和减势作用。

领从蹄式制动器如图 1.3 所示,图中箭头所示为汽车前进时制动鼓的旋转方向,即制动鼓的正向旋转方向。制动轮缸 6 所施加给制动蹄 1 的促动力 F_S 使得该制动蹄绕支撑点 2 张开时的旋转方向与制动鼓的旋转方向相同,具有这种属性的制动蹄称为领蹄。与此相反,制动轮缸 6 所施加给制动蹄 4 的促动力 F_S 使得该制动蹄绕支撑点 3 张开时的旋转方向与制动鼓的旋转方向相反,具有这种属性的制动蹄称为从蹄。当汽车倒驶,即制动鼓反向旋转时,蹄 1 变成从蹄,而蹄 4 则变成领蹄,这种在制动鼓正向旋转和反向旋转时都有一个领蹄和一个从蹄的制动器称为领从蹄式制动器。

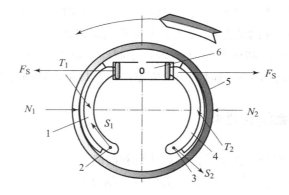

图 1.3 领从蹄式制动器示意图

1—领蹄;2,3—支撑点;4—从蹄;5—制动鼓;6—制动轮缸

在图 1.3 所示领从蹄式制动器的结构中,轮缸中的两活塞直径相同,且都可在轮缸内轴向移动,因此,制动时两活塞对两个制动蹄所施加的促动力永远是相等的。凡两蹄所受促动力相等的领从蹄式制动器均称为等促动力制动器。制动时,在相等的促动力 F_S 的作用下,领蹄 1 和从蹄 4 分别绕各自的支撑点 2 和 3 旋转到紧压在制动鼓 5 的位置。旋转着的制动鼓即对两制动蹄分别作用着法向反力 N_1 和 N_2,以及相应的切向反力 T_1 和 T_2,这里法向反力 N 和切向反力 T 均为分布力的合力。两蹄受到的这些力分别被各自的支撑点 2 与 3 的支撑反力 S_1 和 S_2 所平衡。由图 1.3 可见,领蹄上的切向力 T_1 所造成的绕支撑点 2 的力矩与促动力 F_S 所造成的绕同一支点的力矩是同向的。所以力 T_1 的作用结果是使领蹄 1 在制动鼓上压得更紧,即力 N_1 变得更大,从而力 T_1 也更大,这表明领蹄具有"增势"作用。与此相反,切向力 T_2 则使从蹄 4 有放松制动鼓的趋势,即有使 N_2 和 T_2 本身减小的趋势,故从蹄具有"减势"作用。

由上述可见,虽然领蹄和从蹄所受促动力相等,但其所受制动鼓法向反力 N_1 和 N_2 却不相等，且 $N_1 > N_2$，相应的 $T_1 > T_2$，故两制动鼓所施加的制动力矩不相等。一般说来，领蹄产生的制动力矩为从蹄制动力矩的 2~2.5 倍。倒车制动时，虽然蹄 4 变成领蹄、蹄 1 变成从蹄，但整个制动器的制动效能还是同前进制动时一样。显然，由于领蹄与从蹄所受法向反力不等，故在两蹄摩擦片工作面积相等的情况下，领蹄摩擦片上的单位压力较大，因而磨损较为严重。为了使领蹄和从蹄的摩擦片寿命相近，有些领从蹄式制动器，其领蹄摩擦片的周向尺寸设计得较大。但这样将使两蹄的摩擦片不能互换，从而增加了零件品种数和制造成本。

此外，领从蹄式制动器的制动鼓所受到的来自两蹄的法向力 N_1 和 N_2 不能相互平衡，则两蹄法向力之和只能由车轮轮毂轴承的反力来平衡，这就对轮毂轴承造成了附加径向载荷，使其寿命缩短。凡制动鼓所受来自两蹄的法向力不能互相平衡的制动器均称为非平衡式制动器。

（2）制动蹄的支撑方式。

制动蹄的支撑方式可分为固定式和浮动式两种。浮动式支撑蹄的支撑端呈弧形，支靠在制动底板上的支撑块 2 上，需用两个回位弹簧来拉紧定位。它可使整个制动蹄向鼓的方向张开，又可沿支撑块的支撑平面（图 1.4（c）中垂直方向）移动。

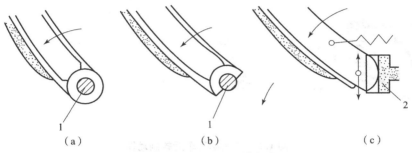

图 1.4 制动蹄的支撑方式

（a）固定式支撑；（b）半浮式支撑；（c）全浮式支撑

1—支撑销；2—支撑块

（3）领从蹄式制动器的结构及工作原理。

桑塔纳轿车的后轮制动器为领从蹄式制动器，如图 1.5 所示，作为旋转元件的制动鼓 8

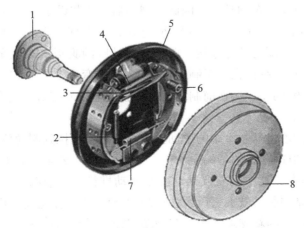

图 1.5 桑塔纳轿车后轮制动器示意图

1—后轮轴；2—制动间隙调节弹簧；3—驻车制动推杆弹簧；4—上回位弹簧；
5—制动底板；6—限位杆；7—下回位弹簧；8—制动鼓

固定在车轮轮毂上，作为固定零件装配基体的制动底板 5 用螺栓与后轮轴 1 上的凸缘连接。

图 1.6 所示为上海桑塔纳轿车后轮制动器结构，制动蹄采用了浮动式支撑，上、下支撑面均加工成弧面，下端支靠在固定于制动底板上的支撑板 14 上。轮缸活塞通过两端支撑块对制动蹄的上端施加促动力。此种支撑结构可使整个制动蹄沿支撑平面有一定的浮动量。其优点是制动蹄可以自动定心，保证其可与制动鼓全面接触。

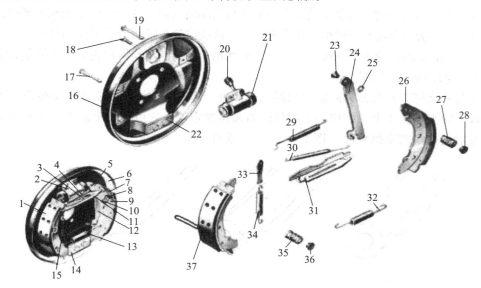

图 1.6　桑塔纳轿车后轮制动器

1，37—前制动蹄；2，21—制动轮缸；3，30—外弹簧；4，29—内弹簧；5，23—平头销；
6，16—制动底板；7—密封堵塞；8—铆钉；9—制动蹄腹板；10—调节齿板；11，31—驻车制动推杆；
12，24—驻车制动杠杆；13，32—回位弹簧；14，22—支撑板；15—拉力弹簧；17，19—稳定销；
18—内六角螺钉；20—排气螺钉及防尘冒；25—弹性垫片；26—后制动蹄；27，35—稳定弹簧；
28，36—稳定弹簧座；33—楔形调节块；34—楔形调节块拉力弹簧

该行车制动器可兼作驻车制动器，因此在制动器中还装设了驻车制动机械促动装置。驻车制动杠杆 12 上端用平头销 5 与后制动蹄 26 连接，其上部卡入驻车制动推杆 11 右端的切槽中，作为中间支点，下端与拉绳连接。前、后制动蹄的腹板卡在驻车制动推杆 11 两端的切槽中。推杆外弹簧 30 左端钩在驻车制动杠杆 12 的左弯舌上，而右端钩在后制动蹄 26 的腹板上，推杆内弹簧 29 的左端钩在前制动蹄 1 的腹板上，而右端则钩在驻车制动杠杆 12 的右弯舌上。

进行驻车制动时，须将驾驶室中的手动驻车制动操纵杆拉到制动位置，经一系列杠杆和拉绳传动，将驻车制动杠杆 12 的下端向前拉，使之绕上端支点（平头销 5）转动。驻车制动杠杆 12 在转动过程中，其中间支点推动驻车制动推杆 11 左移，将前制动蹄 1 推向制动鼓，直到前制动蹄压靠到制动鼓上之后，驻车制动推杆 11 停止运动，则驻车制动杠杆 12 的中间支点成为其继续转动的新支点。当驻车制动杠杆 12 的上端右移时，后制动蹄 26 被压靠到制动鼓上，施以驻车制动。

解除制动时，应将驻车制动操纵杆推回到不制动位置，驻车制动杠杆 12 在复位弹簧作

用下复位,同时制动蹄回位弹簧32将两蹄拉拢。推杆内、外弹簧29和30除可将两蹄拉回到原始位置之外,还用以防止制动推杆在不工作时窜动,以避免其碰撞制动蹄而发出噪声。同时,这种以车轮制动器为驻车制动的系统也可用于应急制动。

目前国内一些轿车,如红旗CA7220系列型、奥迪100型和捷达等轿车的后轮制动器与上述基本相同。

2) 单向双领蹄式制动器

在制动鼓正向旋转时,两制动蹄均为领蹄的制动器称为双领蹄式制动器,如图1.7所示。双领蹄式制动器与领从蹄式制动器在结构上主要有两点不同,一是双领蹄式制动器的两制动蹄各有一个单活塞轮缸,而领从蹄式制动器的两制动蹄共用一个活塞式轮缸;二是双领蹄式制动器的两套制动蹄、制动轮缸和支撑销在制动底板上的布置是中心对称的,而领从蹄式制动器中的制动蹄、制动轮缸和支撑销在制动底板上的布置是轴对称的。

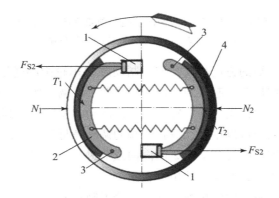

图1.7 单向双领蹄式制动器示意图
1—制动轮缸;2—制动蹄;3—支撑销;4—制动鼓

双领蹄式制动器的两个轮缸可借助连接油管连通,以保证其油压相等,这样在前进制动时,两蹄都是领蹄,制动器的效能因而得到提高。但在倒车制动时,两制动蹄将均变成从蹄。

3) 双向双领蹄式制动器

无论是前进制动还是倒车制动,两制动蹄都是领蹄的制动器称为双向双领蹄式制动器,图1.8所示为其结构示意图。与领从蹄式制动器相比,双向双领蹄式制动器在结构上有三个特点:一是采用两个双活塞式制动轮缸;二是两制动蹄的两端采用浮式支撑,且支点的周向位置也是浮动的;三是制动底板上的所有固定元件,如制动蹄、制动轮缸、回位弹簧等都是成对的,而且既按轴对称,又按中心对称布置。

图1.9所示为红旗CA7560型汽车前轮双向双领蹄式制动器。在前进制动时,所有的轮缸活塞8都在液压作用下向外移,将两制动蹄1和5压靠到制动鼓3上。在制动鼓的摩擦力矩作用下,

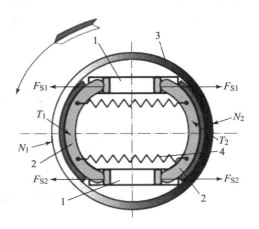

图1.8 双向双领蹄式制动器示意图
1—制动轮缸;2—制动蹄;
3—制动鼓;4—回位弹簧

两制动蹄都绕车轮中心朝箭头所示的方向转动。将两轮缸活塞外端的可调支座 2 作为制动蹄的支点，制动器的工作情况与单领蹄制动器一样。

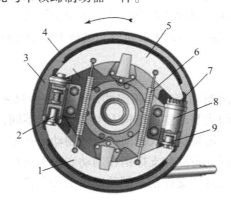

图 1.9　CA7560 型汽车前轮双向双领蹄式制动器

1，5—制动蹄；2，9—可调支座；3—制动鼓；4—制动底板；6—回位弹簧；7—调整螺母；8—轮缸活塞

倒车制动时，摩擦力矩的方向相反，使两制动蹄绕车轮中心逆箭头方向转过一个角度，将可调支座 2 连同调整螺母 7 一起推回原位，于是两个可调支座 2 便成为蹄的新支撑点，即每个制动蹄的支点和促动力作用点的位置都与前进制动时相反，而其制动效能同前进制动时完全一样。该制动器的间隙可以用制动轮缸一端的调整螺母 7 来调整（拨动调整螺母头部的齿槽，使螺母转动，带螺杆的可调支座 2 便向内或向外做轴向移动）。间隙调整好以后，将锁片插入调整螺母的齿槽中，使螺母的角位置固定。

制动器工作时，摩擦所产生的热绝大部分传给了制动鼓，使其温度升高，而制动鼓升温后将膨胀而使制动器间隙增大。为了减少升温，应当使制动鼓有较大的热容量，故制动鼓一般都具有较大的质量。

4）双从蹄式制动器

前进制动时两制动蹄均为从蹄的制动器称为双从蹄式制动器，如图 1.10 所示。这种制动器与双领蹄式制动器结构很相似，两者的差异只在于固定元件与旋转元件的相对运动方向不同。虽然双从蹄式制动器前进制动效能低于双领蹄式和领从蹄式制动器，但其效能对摩擦

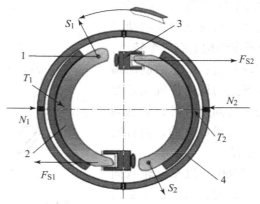

图 1.10　双从蹄式制动器示意图

1—支撑销；2—制动蹄；3—制动轮缸；4—制动鼓

系数变化的敏感程度较小,即具有良好的制动效能稳定性。

单向双领蹄、双向双领蹄、双从蹄式制动器的固定元件布置都是中心对称的,如果间隙调整正确,则其制动鼓所受两制动蹄施加的两个法向合力能互相平衡,不会对轮毂轴承造成附加径向载荷。因此,这三种制动器都属于平衡式制动器。

5) 单向自增力式制动器

图 1.11 所示为单向自增力制动器的示意图。第一制动蹄 1 和第二制动蹄 2 的下端分别支在浮动的顶杆 6 的两端。制动器只在上方有一个支撑销 4,不制动时,两蹄上端借各自的回位弹簧拉靠在支撑销上。

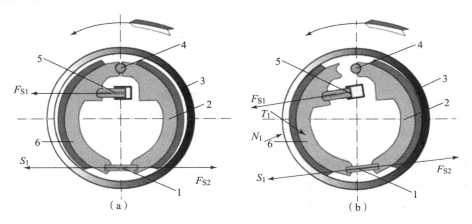

图 1.11　单向自增力式制动器示意图

1—第一制动蹄；2—第二制动蹄；3—制动鼓；4—支撑销；5—制动轮缸；6—顶杆

汽车前进制动时,单活塞式制动轮缸 5 只将促动力 F_{S1} 加于第一蹄,使其上端离开支撑销,整个制动蹄绕顶杆左端支撑点旋转,并压靠到制动鼓 3 上。第一蹄是领蹄,并且在促动力 F_{S1}、法向合力 N_1、切向(摩擦)合力 T_1 和沿顶杆轴线方向支反力 S_1 的作用下处于平衡状态。由于顶杆 6 是浮动的,自然成为第二蹄的促动装置,而将与力 S_1 大小相等、方向相反的促动力 F_{S2} 施加在第二蹄的下端,故第二蹄也是领蹄。正因为顶杆是完全浮动的,不受制动底板约束,所以作用在第一蹄上的促动力和摩擦力的作用没有如一般领蹄那样完全被制动鼓的法向反力和固定于制动底板上的支撑件反力的作用所抵消,而是通过顶杆传到第二蹄上,形成第二蹄促动力 F_{S2}。对第一蹄进行受力分析可知,$F_{S2} > F_{S1}$。此外,F_{S2} 对第一蹄支撑点的力臂也大于 F_{S1} 对第一蹄支撑点的力臂。因此,第二蹄的制动力矩必然大于第一蹄的制动力矩。由此可见,在制动鼓尺寸和摩擦系数相同的条件下,单向自增力式制动器的前进制动效能不仅高于领从蹄式制动器,而且高于双领蹄式制动器。

倒车制动时,第一蹄上端压靠支撑销不动,此时第一蹄虽然仍是领蹄,且促动力 F_{S1} 仍可能与前进制动时的相等,但其力臂却大为减小,因而第一蹄此时的制动效能比一般领蹄的制动效能低很多。第二蹄则因未受促动力而不起制动作用。故此时整个制动器的制动效能甚至比双从蹄式制动器的效能还低。

图 1.12 所示为单向自增力式制动器的结构。第一蹄和第二蹄的上端被各自的回位弹簧 2 拉拢,并各自以铆于腹板上端的夹板 3 的内凹弧面支靠着支撑销 4。两蹄的下端分别浮支在可调顶杆(由可调顶杆体 7、调整螺钉 9 和顶杆套 10 组成)两端的直槽底面上,并用拉紧弹簧 8

拉紧。受法向力较大的第二蹄摩擦片的面积做得比第一蹄大，使两蹄单位面积的压力相近。

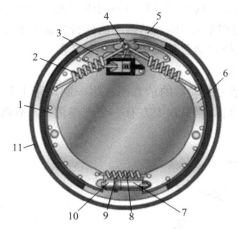

图1.12　单向自增力式制动器

1—第一制动蹄；2—制动蹄回位弹簧；3—夹板；4—支撑销；5—制动鼓；
6—第二制动蹄；7—可调顶杆体；8—拉紧弹簧；9—调整螺钉；10—顶杆套；11—制动鼓

制动器间隙通过改变可调顶杆的长度来调节。调整螺钉9的中部有带齿的凹缘，右端借螺纹旋入顶杆体的螺孔中，左端为圆柱形，与顶杆套作动配合。拨动调整螺钉的带齿凹缘时，由于顶杆体的端部直槽有制动蹄嵌入，顶杆体不能转动，因此改变了可调顶杆的总长度。调整螺钉带齿凸缘被拉紧弹簧8的横向弹力压住，以致不自行松动。

6）双向自增力式制动器

图1.13所示为双向自增力式制动器的结构示意图，其特点是制动鼓正向和反向旋转时均能借蹄鼓间的摩擦起自增力作用。它的结构不同于单向自增力式之处在于采用双活塞式制动轮缸4，可向两蹄同时施加相等的促动力F_S。制动鼓正向（如箭头所示）旋转时，前制动蹄1为第一蹄，后制动蹄3为第二蹄；制动鼓反向旋转时则情况相反。由图1.13可见，在制动时，第一蹄只受一个促动力F_S作用，而第二蹄则有两个促动力F_S和S，且$S>F_S$。考虑到汽车前进制动的机会远多于倒车制动，且前进制动时制动器工作负荷也远大于倒车制动，故后制动蹄3的摩擦片面积做得较大。

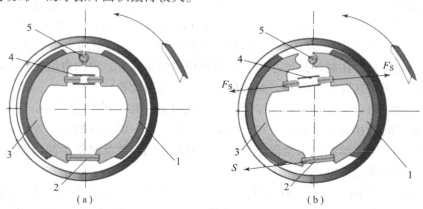

图1.13　双向自增力式制动器示意图

1—前制动蹄；2—顶杆；3—后制动蹄；4—制动轮缸；5—支撑销

如图 1.14 所示的制动器即属于双向自增力式制动器。不制动时，领蹄 3 和从蹄 10 的上端在回位弹簧 5 和 8 的作用下浮支在支撑销 7 上，两制动蹄的下端在拉簧 1 的作用下浮支在浮动的调整顶杆体 11 两端的凹槽中。汽车前进制动时，制动轮缸的两活塞向两端顶出，使前后制动蹄离开支撑销并压紧到制动鼓上，于是旋转着的制动鼓与两制动蹄之间产生摩擦作用。顶杆是浮动的，前后制动蹄及顶杆沿制动鼓的旋转方向转过一个角度，直到从蹄 10 的上端再次压到支撑销 7 上，此时制动轮缸促动力进一步增大。由于从蹄 10 受顶杆的促动力大于轮缸的促动力，故从蹄上端不会离开支撑销。汽车倒车制动时，制动器的工作情况与上述相反。

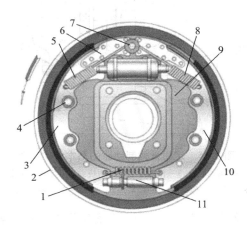

图 1.14　双向自增力式制动器
1—拉簧；2—制动鼓；3—领蹄；4—定位销钉；5—领蹄回位弹簧；6—夹板；7—支撑销；
8—从蹄回位弹簧；9—制动底板；10—从蹄；11—调整顶杆体

以上介绍的各种鼓式制动器各有利弊。就制动效能而言，在基本结构参数和轮缸工作压力相同的条件下，自增力式制动器由于对摩擦助势作用利用得最为充分而居首位，以下依次为双领蹄式、领从蹄式和双从蹄式。但蹄鼓之间的摩擦系数很不稳定，其根据摩擦片的材料、温度和表面状况（如是否沾水、沾油，是否有烧结现象等）的不同可在很大范围内变化。自增力式制动器的效能对摩擦系数的依赖性最大，因而其效能的热稳定性最差。此外，在制动过程中，自增力式制动器制动力矩的增长在某些情况下显得过于急速。双向自增力式制动器多用于轿车后轮，原因之一是便于兼作驻车制动器。单向自增力式制动器只用于中、轻型汽车的前轮（因倒车制动时对前轮制动器效能的要求不高）。双从蹄式制动器的制动效能虽然最低，但却具有良好的稳定性，因而有少数高档轿车为保证制动可靠性而采用。领从蹄式制动器发展较早，其效能及效能稳定性均居于中游，且有结构简单等优点，故目前仍广泛应用于各种汽车。

2. 盘式制动器

现代汽车上使用的盘式制动器有两种：一种是固定钳盘式制动器，另一种是浮动钳盘式制动器。

1）固定钳盘式制动器

固定钳盘式制动器的基本结构如图 1.15 所示。其旋转元件是固定在车轮上，以端面为工作面，用合金铸铁制成的制动盘 9；固定的摩擦元件是面积不大的制动块总成 4；制动钳的钳形支架 6 通过螺栓与转向节（前桥）或桥壳（后桥）固装，并用调整垫片 2 控制制动钳与制动盘之间的相对位置。另外其还有防尘护罩等。

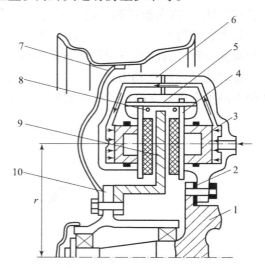

图 1.15　定钳盘式制动器的基本结构简图
1—转向节或桥壳；2—调整垫片；3—活塞；4—制动块总成；5—导向支撑销；6—钳形支架；
7—轮盘；8—消音回位弹簧；9—制动盘；10—轮毂；r—制动盘摩擦半径

制动时，制动油液被压入内、外两油缸中，在液压作用下两活塞 3 带动两侧制动块总成 4 做相向移动，压紧制动盘 9，产生摩擦力矩。在活塞移动过程中，矩形橡胶密封圈的刃边在活塞摩擦力的作用下随活塞移动而产生微量的弹性变形。相当于极限摩擦力的密封圈极限变形量 Δ 应等于制动器间隙为设定值时的完全制动所需活塞行程，如图 1.16 所示。解除制动时，活塞与制动块依靠密封圈的弹力和消音回位弹簧的弹力回位。如图 1.16（b）所示，矩形密封圈的刃边制动时，制动块摩擦片与制动盘之间的间隙只有 0.1mm 左右，以保证解除制动。制动盘受热膨胀时，厚度方面只有微小的变化，故不会发生"拖滞"现象。但盘式制动器不能使用受热易膨胀的醇类制动油液，要求使用特制的合成型制动液。

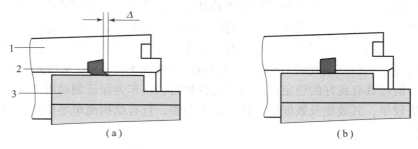

图 1.16　矩形密封圈工作情况
1—活塞；2—矩形密封橡胶圈；3—油缸

若制动块摩擦片与制动盘的间隙因磨损加大，制动时活塞密封圈变形达到极限值 Δ 以后，活塞仍可在液压作用下克服密封圈的摩擦力而继续移动，直到摩擦片压紧制动盘为止。但解除制动时，矩形密封圈能将活塞推回的距离与摩擦片磨损之前是相同的，即摩擦片与制动盘间隙仍等于 Δ。由此可知，矩形密封圈能兼起活塞回位弹簧和自动调整制动器间隙的作用。

2) 浮动钳盘式制动器

浮动钳盘式制动器结构简单紧凑，且便于安装，因此被越来越多地应用于轿车和轻型汽车。例如，红旗 CA7220 型、奥迪 100 型、捷达、桑塔纳、夏利等轿车以及北京切诺基的前轮均采用这种浮动钳盘式制动器。图 1.17 所示为桑塔纳轿车前轮浮动钳盘式制动器零件分解图。旋转元件是制动盘 1，它和车轮轮毂装在一起，并和车轮一起转动。制动盘两个制动表面之间沿径向铸有三十六条筋，形成三十六条通风道，以便于散热。固定元件是制动钳体，装在制动钳支架 11 上，制动钳支架 11 固定在前桥转向节上。内部单装一个活塞 8 的制动钳，可以通过将其固定于制动钳壳体 6 并插入制动钳支架 11 孔中的导向销做轴向移动。制动钳上制动块所用的摩擦片与背板采用粘接法相连，工艺性好，并能提高摩擦片的使用寿命。

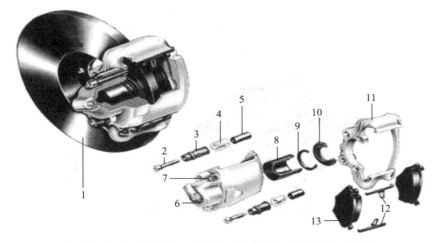

图 1.17　桑塔纳轿车的前轮浮动钳盘式制动器零件分解图

1—制动盘；2—螺栓；3—橡胶衬套；4—导向钢管；5—塑料套；6—制动钳壳体；7—放气塞；
8—活塞；9—油封；10—活塞防尘罩；11—制动钳支架；12—保持弹簧；13—制动块

浮动钳盘式制动器的工作原理，如图 1.18 所示。制动时，活塞制动块 6 在液压作用力

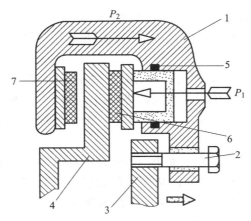

图 1.18　浮动钳盘式制动器的工作原理示意图

1—制动钳台；2—导向销；3—制动钳安装架；4—制动盘；5—活塞密封圈；
6—活动制动块；7—固定制动块；P_1—液压作用力；P_2—液压反作用力

P_1 的作用下，由活塞密封圈 5 推靠在制动盘 4 上，同时制动钳上的液压反作用力 P_2 推动制动钳沿定位导向销 2 移动，使外侧的固定制动块 7 也压靠在制动盘 4 上，产生制动力，于是制动盘两边都被紧紧抱住，使其停止转动。因为制动盘和车轮轮毂装在一起，所以车轮也停止了转动。橡胶套不仅能通过轻微变形来消除制动器的间隙，而且可使导向销免受泥污。

解除制动时，橡胶衬套所释放出来的弹性能有助于外侧制动块离开制动盘。活塞密封圈 5 在制动时会发生变形，解除制动后恢复原状，使活塞回位。若制动盘和制动块间产生了过量间隙，则活塞将相对于密封圈滑移，借此实现间隙的自动调整。

此外制动器摩擦片上装有磨损传感器，如图 1.19 所示。如果摩擦片磨损到最小厚度（少于 2mm），则制动警告灯亮，这时需要更换摩擦片（至少也应检查摩擦片的厚度）。

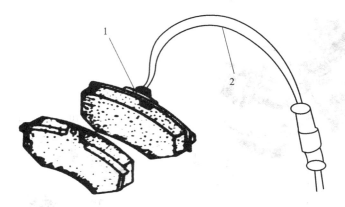

图 1.19　制动器摩擦片及磨损传感器
1—传感器；2—警告灯导线

与固定钳盘式制动器相比，浮动钳盘式制动器的单侧轮缸结构不需要设置跨越制动盘的油道，故其不仅轴向和径向尺寸较小，有可能布置得更接近车轮轮毂，而且制动液受热气化的机会较少。浮动钳盘式制动器现已基本取代固定钳盘式制动器。

3）盘式制动器的特点

盘式制动器与鼓式制动器相比，有以下优点：

（1）制动盘暴露在空气中，散热能力强。特别是采用通风式制动盘，空气可以流经内部，加强散热。

（2）浸水后制动效能降低较少，而且只需经一两次制动即可恢复正常。

（3）制动时的平顺性好。由于无摩擦助势作用，故产生的制动力矩仅与油缸液压成比例，制动过程中制动力矩增长比鼓式缓和。同时，制动器效能受摩擦系数的影响较小，即效能较稳定。

（4）制动盘沿厚度方向的膨胀量极小，不会像制动鼓的热膨胀那样使制动器间隙明显增加而导致制动踏板行程过大。此外，也便于装设间隙自调装置。

（5）结构简单，摩擦片拆装更换容易，因而维修方便。

盘式制动器的缺点：

（1）因制动时无助势作用，故要求管路液压比鼓式制动器高，一般需在液压传动装置中加装制动加力装置并采用较大缸径的油缸。

（2）由于盘式制动器活塞的回位能力差，且轮缸活塞的断面积大、制动器间隙较小，故在液压系统中不能留有残余压力。

（3）防污性能差，制动块摩擦面积小，磨损较快。

（4）兼用于驻车制动时，需要加装的驻车制动传动装置较鼓式制动器复杂，因而在后轮上的应用受到限制。

学习情境二

停车制动失效故障的诊断与修复

一、驻车制动器的概述

驻车制动器的功用：在汽车停驶后，防止汽车滑溜；便于在坡道上起步；行车制动器失效后临时使用或配合行车制动器进行紧急制动。

根据驻车制动器的安装位置可将其分为中央制动器和车轮制动器两种。前者安装在变速器或分动器的后面，制动力矩作用在传动轴上；后者与车轮制动器共用一个制动器总成，只是传动机构是相互独立的。

根据制动器结构特点可将其分为鼓式、盘式、带式和弹簧式驻车制动器。

鼓式制动器由于可采用高制动效能的自动增力式制动器，且其外廓尺寸小、易于调整、防泥沙性能好、停车后没有制动热负荷，因而得到广泛应用。

二、中央制动器

图 2.1 所示为自增力式中央制动器及其机械式传动机构。

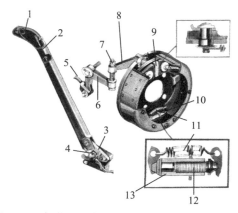

图 2.1　自增力式中央制动器及其机械传动机构

1—手柄弹簧；2—操纵杆；3—齿板；4—棘爪；5—传动杆；6—摇臂；7—调整螺母；
8—凸轮拉臂；9—凸轮；10—调整杆；11—弹簧；12—调整螺栓；13—调整螺套

1) 功用

(1) 停车后防止溜坡；

（2）坡道起步；
（3）紧急制动。
2）分类
（1）蹄鼓式中央制动器，如图2.2所示。

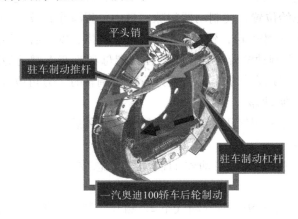

图2.2　蹄鼓式中央制动器

解除制动时，将制动手柄顺时针转过一定角度，使棘齿条与棘爪脱离啮合，棘爪只压在棘齿拉杆的光滑圆柱面上，然后再将制动手柄推回到不制动位置，并转回一定角度，以便下次制动。

（2）凸轮张开鼓式中央制动器。

图2.3所示为东风EQ1090E型汽车凸轮张开鼓式中央制动器，其结构与凸轮张开的车轮制动器基本相同。

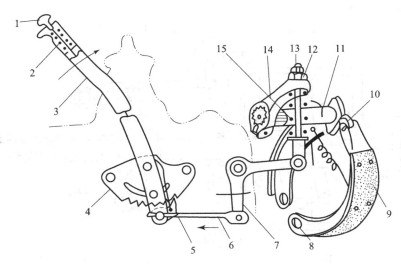

图2.3　东风EQ1090E型汽车凸轮张开鼓式中央制动器
1—按钮；2—拉杆弹簧；3—制动杆；4—齿扇；5—锁止棘爪；6—传动杆；7—摇臂；8—偏心支撑销孔；
9—制动蹄；10—滚轮；11—凸轮轴；12—调整螺母；13—拉杆；14—摆臂；15—压紧弹簧

制动底板通过底板支座用螺栓固定在变速器第二轴轴承盖上，制动鼓通过螺栓与变速器第二轴后端的凸缘盘紧固在一起,两制动蹄下端松套在固定于制动底板的偏心支撑销上,制动蹄上端装有滚轮10。制动凸轮轴11通过支座支撑在制动底板上部,其外端通过细花键与摆臂14的一端连接,摆臂的另一端与穿过压紧弹簧15的拉杆13相连。

调整制动器间隙时,须将驻车制动杆3置于不制动位置:旋进拉杆13上的调整螺母12,通过改变凸轮的原始位置,使制动器间隙和自由行程减小;反之则增大。若仍不能调整到需要的间隙,则需拆下摆臂14,错开一个或数个花键齿,安装后再利用调整螺母12进行调整。此时,不应松动驻车制动蹄偏心支撑销的锁紧螺母和改变支撑销的位置,否则有可能破坏摩擦片和制动鼓的良好贴合状态。当需要进行全面调整时,方可改变偏心支撑销的位置。

(3)强力弹簧驻车制动器。

强力弹簧驻车制动器采用气压操纵,并将制动气室和后轮行车制动气室组合在一起,构成一个组合式制动气室。

图2.4所示为强力弹簧驻车制动器的制动气室总成(驻车制动时),其工作原理如图2.5所示。

驻车制动气室25由隔板9与后制动气室22隔开。制动器的制动臂与推杆18外端通过连接叉17相连。将驻车制动活塞6保持在驻车制动气室的右部,后制动气室活塞回位弹簧14被压缩,制动器产生制动作用。螺塞4和驻车制动活塞6的导管用螺纹连接在一起,拧出传力螺杆3即可使推杆11和18回到左端位置而放松制动。空气经滤网2与驻车制动活塞6的左腔相通,以保证油浸毡圈7和橡胶密封圈8正常工作。后制动气室22由行车制动控制阀控制,驻车制动气室25则由驻车制动操纵阀控制。

不制动时,腰鼓形制动弹簧5被经A口充入驻车制动气室的压缩空气压缩,驻车制动活塞6被推到左端不制动位置,后制动活塞21也在后制动气室回位弹簧14的作用下处于不制动位置,如图2.4所示。

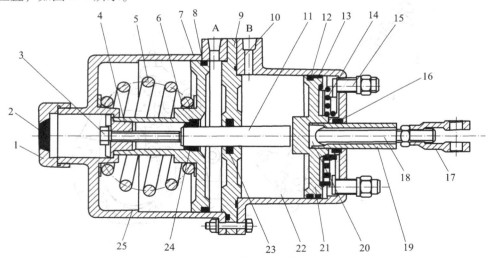

图2.4 强力弹簧驻车制动器的制动气室总成(驻车制动时)

1—防尘罩;2—滤网;3—传力螺杆;4—螺塞;5—腰鼓形制动弹簧;6—驻车制动活塞;7—油浸毡圈;8—橡胶密封圈;9—隔板;10、23—密封圈;11、18—推杆;12—橡胶密封圈;13—毡圈;14—后制动气室活塞回位弹簧;15—安装螺栓;16—导管油封;17—连接叉;19—导管;20—推杆座;21—后制动活塞;22—后制动气室;24—内外密封圈总成;25—驻车制动气室

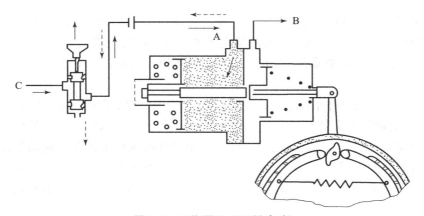

图 2.5 工作原理（不制动时）

A—孔，通驻车制动操纵阀；B—孔，通行车制动控制阀；C—孔，通储气筒

进行行车制动时，驾驶员踏下行车制动踏板，压缩空气经行车制动控制阀自通气孔 B 充入后制动气室。此时，驻车制动活塞处于左端的不制动位置。

若汽车因气源或气路故障而不能对驻车制动气室充气，则腰鼓形弹簧始终处于伸张状态，驻车制动活塞 6 和推杆 11 处于最右端而保持汽车制动，故这种结构又称安全制动或自动紧急制动装置。

（4）带驻车制动机构的鼓式制动器。

上海桑塔纳轿车的后轮制动器结构如图 2.6 所示。

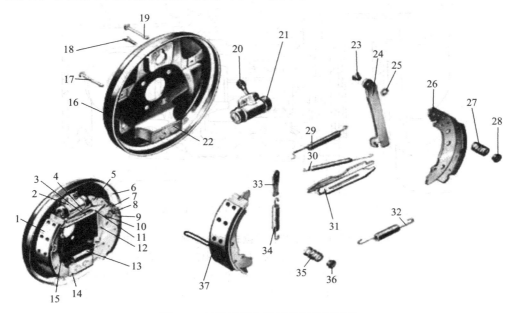

图 2.6 桑塔纳轿车的后轮制动器结构

1，37—前制动蹄；2，21—制动轮缸；3，30—外弹簧；4，29—内弹簧；5，23—平头销；6，16—制动底板；7—密封堵塞；8—铆钉；9—制动蹄腹板；10—调节齿板；11，31—驻车制动推杆；12，24—驻车制动杠杆；13，32—回位弹簧；14，22—支撑板；15—拉力弹簧；17，19—稳定销；18—内六角螺钉；20—排气螺钉及防尘冒；25—弹性垫片；26—后制动蹄；27，35—稳定弹簧；28，36—稳定弹簧座；33—楔形调节块；34—楔形调节块拉力弹簧

制动蹄采用了浮式支撑，制动蹄的上、下支撑面均加工成弧面，下端支靠在固定于制动底板上的支撑板 14 上。轮缸活塞通过两端支撑块对制动蹄的上端施加促动力。此种支撑结构可使整个制动蹄沿支撑平面有一定的浮动量，既可以自动定心，又可保证制动蹄和制动鼓全面接触。

该行车制动器可兼作驻车制动器，因此在制动器中还装设了驻车制动机械促动装置。驻车制动杠杆 12 上端用平头销 5 与后制动蹄 26 连接，其上部卡入驻车制动推杆 11 右端的切槽中，作为中间支点，下端与拉绳连接。前、后制动蹄的腹板卡在驻车制动推杆 11 两端的切槽中。推杆外弹簧 30 左端钩在驻车制动杠杆 12 的左弯舌上，而右端钩在后制动蹄 26 的腹板上；推杆内弹簧 29 的左端钩在前制动蹄 1 的腹板上，而右端则钩在驻车制动杠杆 12 的右弯舌上。

（5）带驻车制动机构的盘式制动器。

如图 2.7 所示，自调螺杆 9 穿过制动钳体 1 的孔。螺杆左端切有粗牙螺纹的部分悬装着自调螺母 12，螺纹的凸缘左边部分被扭簧 13 紧箍着。膜片弹簧 8 使自调螺杆 9 右端斜面与驻车制动杠杆 7 的凸轮斜面始终贴合。扭簧的一端固定在活塞 14 上，而另一端则自由地抵靠螺母。推力球轴承 11 固定在螺母凸缘的右侧，并被固定在活塞 14 上的挡片 10 密封。

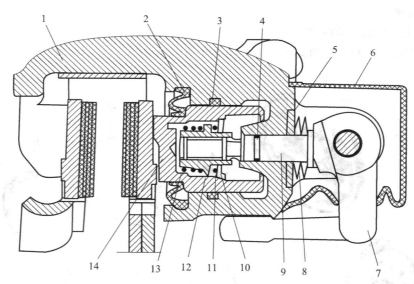

图 2.7　带驻车制动机构的盘式制动器的浮式制动钳

1—制动钳体；2—活塞护罩；3—活塞密封圈；4—自调螺杆密封圈；5—膜片弹簧支撑垫圈；
6—驻车制动杠杆护罩；7—驻车制动杠杆；8—膜片弹簧；9—自调螺杆；10—挡片；
11—推力球轴承；12—自调螺母；13—扭簧；14—活塞

在制动间隙大于标准值的情况下进行行车制动时，活塞 14 在液压作用下左移。由于自调螺杆 9 受凸轮斜面和膜片弹簧 8 的限制，不能转动，也不能轴向移动，故当挡片 10 与推力球轴承 11 间的间隙消失后，活塞所受液压推力便通过推力球轴承作用于自调螺母 12 的凸缘上。这一轴向推力便迫使自调螺母 12 转动，并且随活塞 14 相对于自调螺杆 9 左移至制动器过量间隙消失为止。同时扭簧 13 张开，且其螺圈直径略有增大。撤除液压后，活塞密封圈 3 使活塞退回到制动器间隙等于标准值的位置，而扭簧 13 的自由端则由于所受摩擦力矩的消失而转回原位。这样，自调螺母 12 即保持在制动前的轴向位置不动，从而保证了挡片 10 与推力球轴承 11 之间的间隙为原值。

进行驻车制动时，在驻车制动杠杆 7 凸轮的推动下，自调螺杆 9 连同自调螺母 12 一起左移，至自调螺母 12 接触活塞 14 底部。此时，由于扭簧 13 的阻碍作用，自调螺母不可能倒转着相对于螺杆向右移动，于是轴向推力通过活塞传到制动块上而实现制动。

解除驻车制动时，自调螺杆 9 在膜片弹簧 8 的作用下随着驻车制动杠杆回位。

学习情境三
ABS 失效故障的诊断与修复

一、概述

1. 理论基础

汽车制动性。

（1）制动效能（制动距离、制动时间、制动减速度）。

制动力：

$$F_t \leqslant F_\phi = F_z \cdot \mu_纵$$

制动力与制动压力的关系如图 3.1 所示。

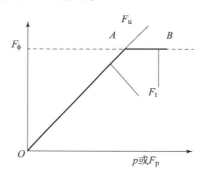

图 3.1　制动力与制动压力的关系

F_t—地面制动力；F_ϕ—附着力；F_u—制动器制动力；p—制动系统压力；F_p—制动踏板力

OA 段：$F_t = F_u$，F_t 其随着 p 或 F_p 的增加而增加。

AB 段：$F_t \equiv F_\phi$，F_t 不再随着 p 或 F_p 的增加而增加。

可见，制动效能↑ → F_t↑ → F_ϕ↑ →$\mu_纵$↑

而：

$$\mu_纵 = \mu_{纵(S)}$$

滑移率：

$$S = \frac{v_a - v_轮}{v_a} \times 100\% = \frac{v_a - \omega\gamma}{v_a} \times 100\%$$

附着率与滑移率的关系如图 3.2 所示。

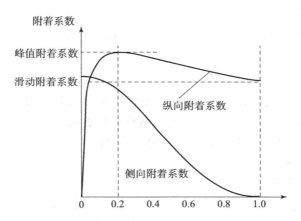

图 3.2 附着率与滑移率的关系

$$\begin{cases} v_a = v_{轮} = \omega\gamma \neq 0 \text{ 时}, S = 0, \text{纯滚动};\\ v_{轮} = 0, v_a \neq = 0 \text{ 时}, S = 1, \text{纯滑移，即车轮被完全抱死};\\ 0 < S < 1 \text{ 时，边滚动边滑移} \end{cases}$$

当 $S=1$，即车轮抱死时，$\mu_{纵}$ 并不是最大，而当 $S=15\%\sim20\%$ 时 $\mu_{纵}$ 最大。ABS 的目的是将 S 控制在 $15\%\sim20\%$，从而使 F_t 最大。

（2）制动稳定性。

制动稳定性是指在制动时按指定方向的轨迹行驶的能力。其与横向附着力有关，即与横向附着系数有关。

在 $S=100\%$ 时，$\mu_{横}=0$，制动稳定性急剧变坏。

在 $S=15\%\sim20\%$ 时，$\mu_{横}$ 仍较大，即可保证制动稳定性。

由以上分析可知，制动时车轮抱死，制动效能和制动时的方向稳定性均将变坏。而如果制动时滑移率 S 控制在 $15\%\sim20\%$，纵向附着系数最大，可得到最大的制动力，同时横向附着系数也保持较大值，使汽车具有良好的抗侧滑能力及制动时的转向操纵能力，因而得到最佳的制动效果。这就是 ABS 的设计思想。

2. ABS 的功用

ABS 的功用是使实际的制动过程非常接近理想的制动过程。

ABS 是在传统制动系统的基础上，增加了一套防止车轮抱死的控制系统。当车轮趋于抱死时，ABS 会迅速降低制动系统（特别是制动分泵）压力，使车轮滑移率保持在理想滑移率附近的狭小范围内，使车轮与路面的纵向附着系数达到峰值，且横向附着系数也较大。

1）制动时保持方向稳定性及转向控制能力

（1）前轮抱死时，汽车沿直线行驶或侧滑，但会失去转向控制能力；

（2）后轮抱死时，将造成甩尾、侧滑、掉头等事故。

汽车在制动时，四个轮子上的制动力是不一样的，如果汽车的前轮抱死，驾驶员就无法控制汽车的行驶方向，这是非常危险的；倘若汽车的后轮先抱死，则会出现侧滑、甩尾，甚至使汽车整个调头等严重事故。ABS 系统可以防止四个轮子制动时被完全抱死，提高了汽车行驶的稳定性。资料表明，装有 ABS 系统的车辆，可使因车轮侧滑引起的事故比例下降 8% 左右。

2）缩短制动距离

在同样紧急制动的情况下，ABS 系统可以将滑移率控制在 20% 左右，即可获得最大纵向制动力，从而缩短制动距离。

3）减小轮胎磨损

事实上，车轮抱死会造成轮胎杯形磨损，轮胎面磨耗也会不均匀，使轮胎磨损消耗费增加。经测定，汽车在紧急制动时，车轮抱死所造成的轮胎累加磨损费已超过一套防抱死制动系统的造价。因此，装用 ABS 系统具有一定的经济效益。

4）减少驾驶员的紧张情绪

5）使用方便、工作可靠

ABS 系统的使用与普通制动系统的使用几乎没有区别，制动时只要把脚踏在制动踏板上，ABS 系统就会根据情况自动进入工作状态，如遇雨雪路滑，驾驶员也没有必要用一连串的点刹车方式进行制动，ABS 系统会使制动状态保持在最佳。

注意：ABS 系统工作时，驾驶员会感到制动踏板有颤动，并听到一点噪声，这些都属于正常现象。ABS 系统工作十分可靠，并有自诊断能力。如果它发现系统内部有故障，就会自动记录，并点燃琥珀色（黄色）ABS 故障指示灯，并保持普通制动系统继续工作。此时，维修人员即可以根据记录的故障（以故障码的形式输出）进行修理。

3. ABS 的分类

1）按控制装置分

机械式（国外已经趋于淘汰）和电子式。

2）按控制通道和传感器数量分

（1）独立控制。

（2）一同控制：高选原则、低选原则。

制动压力调节装置的数量及其之间的关系决定了 ABS 的通道数。

3）按生产厂家分

（1）德国的戴维斯（TEVES）ABS、博世（BOSCH）ABS。

（2）美国的德尔克（Delco）ABS、本迪克斯（Bendix）ABS。

（3）日本的 OEM ABS。

4）按 ECU 所依据的控制参数分

（1）以车轮滑移率 S 为控制参数的 ABS。

需要得到准确的车身相对于地面的移动速度信号和车轮车速信号，但取得准确的车身相对于地面的移动速度信号较难，故很少见。

（2）以车轮角加速度为控制参数的 ABS。

ABS ECU 根据车轮的车速传感器信号计算车轮角加速度，作为控制制动力的依据。一个是角减速度的门限值，作为被抱死的标志；另一个是角加速度的门限值，作为制动力过小、车速过高的标志。

4. ABS 的控制过程

通常将车轮的（角）减速度和（角）加速度作为主要控制依据，而将滑移率作为辅助控制依据，主要有以下几种。

（1）在高附着系数路面上的控制过程。
（2）在低附着系数路面上的控制过程。
（3）由高附着系数路面突变到低附着系数路面的控制过程。

二、ABS 的结构与工作原理

结构：

ABS $\begin{cases} 信号输入装置——车轮转速传感器、车速传感器、减速度传感器等 \\ ECU \\ 执行元件—— \begin{cases} 压力调节装置：电磁阀等 \\ ABS 警示灯 \end{cases} \end{cases}$

工作原理：
总泵→进液电磁阀→分泵→出液电磁阀→储液器

| 常规制动 | 制动压力保持阶段 | 制动压力减小阶段 | 制动压力增大阶段 |

ABS 调节

1. 传感器

1）车轮转速传感器

车轮转速传感器也叫轮速传感器或转速传感器，它可以测出车轮与驱动轴共同旋转的齿圈数，然后产生与车轮转速成正比的交流信号。车轮速度传感器将车轮轮速信号传给 ABS 系统电控单元，电控单元通过计算决定是否开始或准确地进行防抱死制动。因此，车轮速度传感器十分重要。

2）汽车加速度传感器

ABS 系统中另一种传感器是汽车减速度传感器（以下简称为 G 传感器）。汽车减速度传感器的作用是测出汽车制动时的减速度，识别是否是雪路、冰路等易滑路面。G 传感器有水银开关式、采用霍尔元件的模拟式、光学阶梯检测式及差动变压器式等多种形式。

G 传感器的外形及安装位置如图 3.3 和图 3.4 所示。

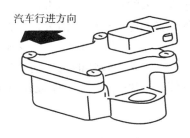

图 3.3　G 传感器外形

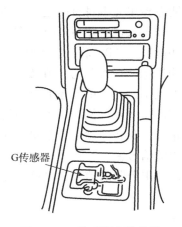

图 3.4　G 传感器安装位置

2. ABS ECU

ECU 是 ABS 系统的控制中心，它的本质是微型数字计算机，一般是由两个微处理器及其他必要电路组成的、不可分解修理的整体单元，电控单元的基本输入信号是四个轮上传感器送来的轮速信号，输出信号包括给液压控制单元的控制信号、输出的自诊断信号和输出给 ABS 故障指示灯的信号，如图 3.5 所示。

图 3.5　电控单元的输入和输出

1) ECU 的防抱死控制功能

电控单元连续地检测来自全部四个车轮传感器传来的脉冲电信号，并将它们处理、转换成与轮速成正比的数值，从这些数值中电控单元可区别哪个车轮速度快、哪个车轮速度慢，电控单元根据四个车轮的速度实施防抱死制动控制。电控单元以四个车轮的传感器传来的数据作为控制基础，一旦判断出车轮将要抱死，它立刻就进入防抱死控制状态，向液压调节器输出幅值为 12V 的脉冲控制电压，以控制分泵（轮缸）上油路的通、断，然后通过分泵上油压的变化调节轮上的制动力，使车轮不会因一直有较大的制动力而完全抱死（通与断的频率一般为 3~12 次/秒）。

2) ECU 的故障保护控制功能

ABS 系统电控单元具有故障保护控制功能。如果系统出现故障或受到暂时的干扰，电控单元会自动关闭 ABS 系统，让普通制动系统继续工作。

首先，电控单元能对自身的工作进行监控。由于电控单元中有两个微处理器，它们同时接收、处理相同的输入信号，用与系统中相关的状态——电控单元的内部信号和产生的外部信号进行比较，看它们是否相同，从而对电控单元本身进行校准。这种校准是连续的，如果不能同步，则说明电控单元本身有问题，它会自动停止防抱死制动过程，而让普通制动系统照常工作。此时，修理人员必须对 ABS 系统（包括电控单元）进行检查，以及时找出故障原因。

其次，还能监视 ABS 系统中其他部件的工作情况。它可按程序向液压调节器的电路系统及电磁阀输送脉冲检查信号，在没有任何机械动作的情况下检查功能是否正常。在 ABS 系统工作的过程中，电控单元还能监视、判断车轮传感器送来的轮速信号是否正常。

ABS 系统出现故障，例如制动液损失、液压压力降低或车轮速度信号消失，电控单元都会自动发出指令，让普通制动系统进入工作，而 ABS 系统停止工作。对某个车轮速度传感器损坏而产生的信号输出，只要它在可接受的极限范围内，或由于较强的无线电高频干扰而使传感器发出超出极限的信号，电控单元根据情况即可停止 ABS 系统的工作或让 ABS 系统继续工作。

3. 执行元件

液压控制装置（制动压力调节装置）的作用：接收 ECU 的指令，通过电磁阀的动作，控制分泵制动压力的大小。

汽车制动系统根据车型的不同有多种形式，大体分为真空式、液压式、机械式、空气式和空气液压加力式（AOH）。

液压式调节器是用电磁阀和液压泵产生的压力来控制制动力的。每个车轮或每个系统内部都有电磁阀，通过电磁阀可直接或间接地控制制动压力。通常把直接控制制动压力的形式称为循环式，把间接控制制动压力的形式称为可变容积式。

1）ABS 系统液压控制装置的组成

ABS 液压控制总成是在普通制动系统的液压装置上经设计后加装 ABS 液压调节器而形成的。普通制动系统的液压装置一般包括真空助力器、双缸式制动总泵（主缸）、储油箱、制动分泵（轮缸）和双液压管路等。ABS 液压调节器装在制动总泵与分泵之间，如果是与总泵装在一起的，则称为整体式，否则称为非整体式。

整体式 ABS 液压控制装置除了具有普通制动系统的液压部件外，还装有 ABS 液压调节器，ABS 液压调节器通常由电动泵、蓄压器、主控制阀、电磁控制阀体（三对控制阀）和一些控制开关等组成。实质上 ABS 系统就是通过电磁控制阀体上的三对控制阀控制分泵上的油压迅速变大或变小，从而实现防抱死制动功能的。

（1）电动泵和蓄压器。

电动泵和蓄压器可使制动液有很大的压力，而较大的压力正是 ABS 系统工作的基础。

电动泵是一个高压泵，它可在短时间内将制动液加压（在蓄压器中）到 14~18MPa，并给整个液压系统提供高压制动液体。电动泵能在汽车起动 1min 内完成上述工作。电动泵的工作独立于 ABS 电控单元，如果电控单元出现故障或接线出现问题，电动泵仍能正常工作。

蓄压器的结构如图 3.6 所示，在它的内部充有氮气，可存储并向制动系统提供高压。蓄压器被一个隔板分成上、下两个腔室，上腔室充满了氮气，下腔室充满了来自于电动泵的制动液（蓄压器下腔与电动泵泵油腔相通）。要特别注意的是，禁止拆卸、分解蓄压器，因为蓄压器中的氮气在平时有较大的压力（8MPa 左右）。

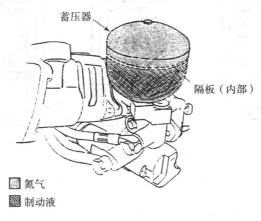

图 3.6　电动泵和蓄压器

电动泵给蓄压器下腔泵入制动液，使隔板上移，而蓄压器上腔的氮气被压缩后产生压力，反过来推动隔板下移，以使蓄压器下腔的制动液始终保持 14~18MPa 的压力。在普通制动系统工作的时候（防抱死制动系统没有工作），蓄压器即可提供较大压力的制动液到后轮制动分泵；当防抱死制动系统工作时，加压的制动液可进入前、后轮制动分泵。

制动系统中的所有高压软管均用橡胶圈密封，如电动泵泵腔与总泵液压助力装置之间的高压软管；制动系统中的低压软管则使用金属圈密封。

注意：防抱死制动系统工作时并不使用普通制动系统的真空助力器，而是由蓄压器给出高压。如果电动泵出现故障，制动液压力会下降很多，此时必须进行修理，否则不可运行车辆。

（2）主控制阀和电磁控制阀体。

主控制阀和电磁控制阀体是液压调节器中很重要的部件，一般由它们来完成防抱死制动的控制（见图3.7）。

①主控制阀。

主控制阀是由电操纵的一种开关阀。在防抱

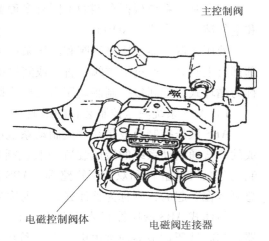

图 3.7 电磁阀体

死制动控制时，它接通液压助力器的压力腔与总泵内部的油室，关闭通向储油箱的回油路，这样可提供连续的高压制动液，使 ABS 系统正常、有效地工作。防抱死制动系统停止工作，主控制阀就关闭液压助力器与总泵之间的油路，打开通向储油箱的回油油路，蓄压器的压力不再经过总泵到制动分泵，而是直接到回油油路。

②电磁阀。

当给螺线管通电时，在螺线管路中心产生磁场，磁场强度与线圈匝数和通电电流之积成正比。若线圈带有铁芯，铁芯就会变成磁力很强的磁铁而产生吸引力。电磁阀就是根据这个原理制成的，其结构主要包括螺线管、固定铁芯和可动铁芯，如图3.8所示。

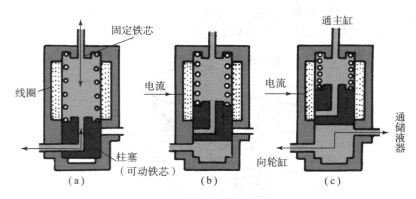

图 3.8 3 位 3 通电磁阀

(a) 电流为 0；(b) 电流小；(c) 电流大

通过改变螺线管的电流改变磁场力，以控制两铁芯之间的吸引力，该力与弹簧力方向相反，以此来控制柱塞的位置。如图3.8所示，柱塞上设有液体通道，柱塞位置决定了液体通道的开闭。图3.9（c）所示为3/3电磁阀（3阀口3位置变换型），根据电流的大小，其可将柱塞控制在三个位置，以改变三个阀口之间的通断。

另外，还有2/2电磁阀（两位两通电磁阀），如图3.9（a）所示。这种电磁阀电流分为

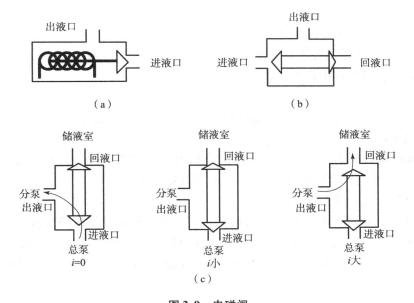

图3.9 电磁阀
(a) 2/2电磁阀；(b) 2/3电磁阀；(c) 3/3电磁阀

两个挡（ON和OFF），能把柱塞控制在两个位置，以改变制动液的通路。电磁控制阀体固定在制动总泵和液压助力装置的一侧。对于三通道ABS而言，阀体中有三对2/2电磁阀，其中两对分别控制两个前轮的制动，一对控制两个后轮的制动。在每对电磁阀中，一个是常开进液阀，另一个是常闭出液阀。

在普通制动系统的工作状态下，制动压力通过常开的进液电磁阀到制动分泵。如果系统进入防抱死制动状态，则ABS电控单元会发出指令，使进液电磁阀、出液电磁阀适时打开和关闭，让制动分泵的压力快速变化（增压或减压），以防止车轮在制动时被完全抱死。ABS电控单元可在防抱死制动过程中打开、关闭相应的电磁阀，其控制频率高达12次/秒。

如果ABS系统出现故障，则应使进液电磁阀常开、出液电磁阀常闭，使普通制动系统能正常工作而ABS系统不工作，直到系统故障排除为止。

（3）压力控制、压力警告和液位指示开关。

在电动泵旁边有一个装有开关的装置，开关与泵相联系，其中包括具有压力控制和压力警告功能的触点开关；而液位指示开关装于储液室上方。

①压力控制开关一般位于蓄压器下面，监视着蓄压器下腔的液压压力。当液压压力下降到一定的数值时，压力开关闭合，使电动泵继电器下面电路构成回路（电动泵继电器通电，触点闭合），电源通过此电路让电动泵运转。

如果压力控制开关发生故障，尽管这时蓄压器仍能提供较大的压力，但最终会导致ABS液压系统中的压力下降，因此，必须停车，对压力控制开关进行检查，待故障排除后再让汽车运行。

②压力警告开关有两个功能：当压力下降到14 000kPa以下时先点亮红色制动系统故障指示灯，然后紧接着点亮琥珀色ABS故障指示灯；同时通过ABS电控单元停止防抱死制动

系统的工作。

③液位指示开关用于监测制动液液位。

2）ABS 系统液压控制装置的分类

分为循环式和可变容积式两大类。

（1）循环式。

在汽车原有的制动管路中串联进电磁阀，直接控制压力的增减。

①常规制动过程。

常规制动时电磁阀不通电，柱塞处于如图 3.10 所示的位置，主缸和轮缸相通，通过主缸可随时控制制动压力的增减。此时液压泵也不需要工作。

②减压过程（见图 3.11）。

当电磁阀通入较大的电流时，柱塞移至上端，主缸和轮缸的通路被截断，轮缸和储液室接通，轮缸的制动液流回储液室，制动压力降低。与此同时，驱动电动机起动，带动液压泵工作，把流回液压油箱的制动液加压后输送到主缸，为下一个制动周期做好准备。

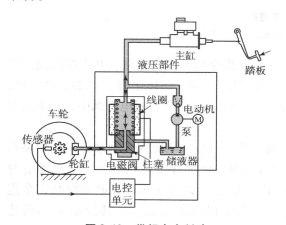

图 3.10　常规人力制动

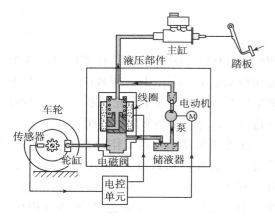

图 3.11　ABS 调节—减压过程

③保压过程。

给电磁阀通入较小的电流时，柱塞移至图 3.12 所示的位置，所有的通道均被截断，以保持制动压力。

④增压过程。

电磁阀断电后，柱塞又回到初始位置。主缸和轮缸再次相通，主缸端的高压制动液（包括液压泵输出的制动液）再次进入轮缸，增加了制动压力，如图 3.13 所示。增压和减压速度可以直接通过电磁阀的进、出油口来进行控制。

（2）可变容积式。

在汽车原有的制动管路上增加一套液压控制

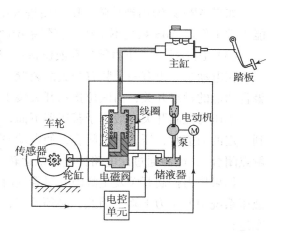

图 3.12　ABS 调节—保压过程

装置，用以控制制动管路容积的增减，从而控制制动压力的变化，其特征是有一个动力活塞。根据液压控制装置结构形式的不同，可分为有踏板反应式和无踏板反应式。下面以动力活塞为主，对可变容积式调节器的工作原理进行说明。

①常规制动过程。

如图 3.14 所示，动力活塞被一较大的弹簧力推至左端，活塞顶端有一推杆顶开单向阀，使主缸和轮缸之间的管路接通。这种状态是 ABS 工作之前或工作之后的常规制动工况，主缸直接控制制动压力的增减。当主缸的输出压力与 μ_B 最大值所要求的压力基本相等时，即使在 ABS 工作过程中也会出现这种工况。

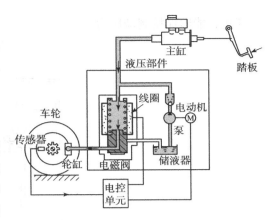

图 3.13 ABS 调节—增压过程

②减压过程。

减压过程如图 3.15 所示，动力活塞右移，单向阀关闭，主缸和轮缸之间的通路被切断。如图 3.15 所示中部的电磁阀通入较大的电流，电磁阀内的柱塞移到右边，储能器中储存的高压液体通过管路作用于动力活塞的左侧，产生一个与弹簧力方向相反的作用力。图 3.15 中粗实线部分表示的是轮缸侧的管路容积，与图 3.14 相比，因动力活塞右移而使轮缸侧容积增加了 V_2，而制动压力减少的幅度取决于轮缸侧管路容积的增加量。

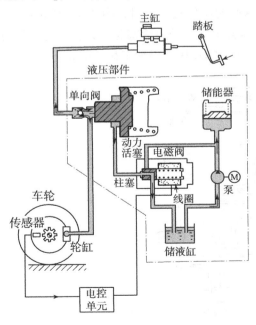

图 3.14 常规人力制动

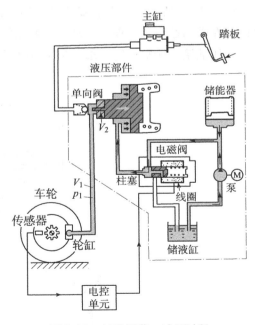

图 3.15 ABS 调节—减压过程

③保压过程。

如图 3.16 所示，给电磁阀通入较小的电流，电磁阀柱塞移到左边，作用在活塞左侧的液压得以保持，动力活塞两端承受的作用力相等，因此动力活塞静止不动，管路容积也不发生变化,能够保持制动压力。

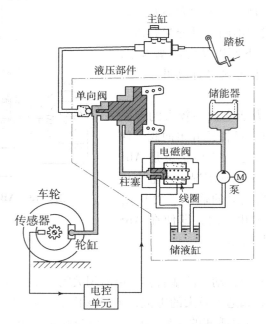

图 3.16　ABS 调节—保压过程

④增压过程。

如图 3.17 所示,动力活塞准备左移,将要返回初始位置。这时,由于电磁阀断磁,柱塞回到左端初始位置,作用在动力活塞左侧的高压被解除,动力活塞受力失去平衡,制动液泄入液压油箱。轮缸侧容积增加量 V_2 在此期间减小,制动压力增加至初始值 p_1。

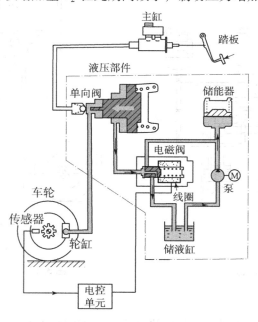

图 3.17　ABS 调节—增压过程

这种方式的特点是通过改变电磁阀柱塞的位置来控制动力活塞的移动,以改变缸侧管路容积,从而利用这种变化间接地控制制动压力的增减,其制动压力的增减速度取决于动力活塞的移动速度。

3)故障指示灯

ABS 系统带有两个故障指示灯,一个是红色制动故障指示灯,另一个是琥珀色(黄色)ABS 故障指示灯。

红色制动故障指示灯常亮,说明制动液不足或蓄压器中的压力下降(低于规定值),此时普通制动系统与 ABS 均不能正常工作,要检查故障原因并及时排除。

琥珀色 ABS 故障指示灯常亮,说明电控单元发现 ABS 系统中有问题,要及时检修。

三、典型的 ABS 系统

1. MK 20 – I 型

1)特点

桑塔纳 2000GSi 轿车和捷达系列轿车上装用的 ABS 是美国 ITT 汽车公司开发的 MK20 – I 型 ABS 系统,其主要由 ABS 控制器(包括电子控制单元、液压单元和液压泵等)、四个车轮转速传感器、ABS 故障警告灯和制动警告灯等组成,如图 3.18 和图 3.19 所示。

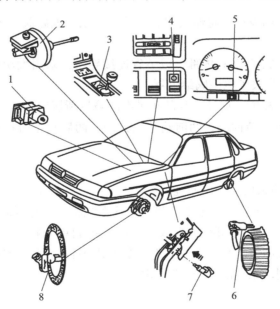

图 3.18 桑塔纳 2000GSi 轿车 MK20 – I 型 ABS 系统(一)
1—ABS 控制器;2—制动主缸和真空助力器;3—自诊断插口;4—ABS 故障警告灯(K47);
5—制动警告灯(K118);6—后轮转速传感器(G44/G46);7—制动灯开关(F);
8—前轮转速传感器(G45/G47)

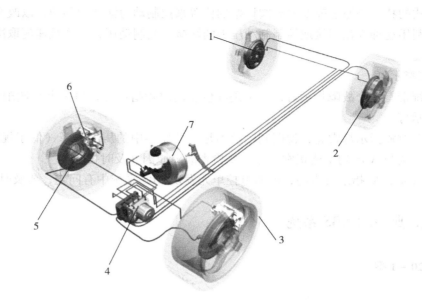

图 3.19 桑塔纳 2000GSi 轿车 MK20 – I 型 ABS 系统（二）
1—后轮轮速传感器；2—鼓式制动器；3—车轮；4—液压控制单元；
5—前轮转速传感器；6—盘式制动器；7—真空助力器

（1）采用模块式结构设计，将储液室、电动回液泵、电磁阀与 ECU 集成于一体，使其结构更加紧凑。

（2）电磁阀线圈集成于 ECU 内部，以节省连接导线；采用大功率集成电路直接驱动电磁阀及回液泵电动机，省去了电磁阀继电器。

（3）ECU 内部设有故障存储器，且随车带有故障诊断接口。

（4）三通道的 ABS 调节回路，两前轮独立控制，两后轮按滑移率低选原则采用同时控制方式进行控制。

（5）真空助力。

2）ABS 主要部件的结构与工作原理

在制动过程中，如果车轮没有抱死趋势，ABS 系统将不参与制动压力控制，此时制动过程与常规制动系统相同。如果 ABS 出现故障，电子控制单元将不再对液压单元进行控制，并将仪表板上的 ABS 故障警告灯点亮，向驾驶员发出警告信号，此时 ABS 不起作用，制动过程与没有 ABS 常规制动系统的工作过程相同。

（1）轮速传感器。

（2）ECU：不断对自身工作进行监控。由于 ABS ECU 中有两个完全相同的微处理器，它们按照同样的程序对输入信号进行处理，并将其产生的中间结果与最终结果进行比较，一旦发现结果不一致，即判定自身存在故障，会自动关闭 ABS 系统。此外 ABS ECU 还会持续监视 ABS 系统中其他部件的工作情况，一旦 ABS 系统出现故障，如车轮速度信号消失、液压压力降低等，ABS ECU 会发出指令而关闭 ABS 系统，并使常规制动系统工作，同时将故障信息存储记忆，并将仪表板上的 ABS 故障灯点亮，向驾驶员发出警示信号，此时应及时检查修理。

当点火开关接通时，ABS ECU 就开始运行自检程序，对系统进行自检，此时 ABS 故障灯点亮。如果自检以后发现 ABS 系统存在影响其正常工作的故障，则将关闭 ABS 系统，恢复常规制动系统，仪表板上 ABS 故障灯会一直点亮，以警告驾驶员 ABS 系统存在故障。自检结束后，ABS 故障灯熄灭，表明系统工作正常。由于自检过程大约需要 2s，因此在正常情况下，当点火开关接通时，ABS 故障灯点亮 2s 后自动熄灭是正常的；反之，如果点火开关接通时，ABS 故障灯不亮，说明 ABS 故障灯或其线路存在故障，应对其进行检修。

（3）液压控制单元和液压泵。

液压控制单元装在制动主缸与制动轮缸之间，采用整体式结构（见图 3.20），主要作用是转换及执行 ABS ECU 的指令，自动调节制动器中的液压压力。

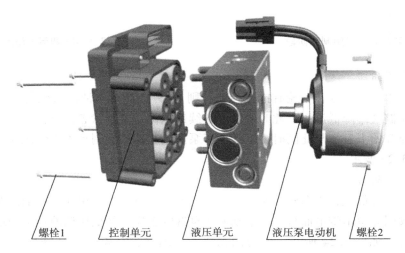

图 3.20　电动液压泵及液压控制单元

低压储液罐与电动液压泵合为一体装于液压控制单元上。低压储液罐的作用是存储从轮缸中流出的制动液，以缓和制动液从制动轮缸中流出时产生的脉动。电动液压泵的作用是将在制动压力减小阶段流入低压储液罐中的制动液及时送至制动主缸，同时在施加压力阶段从低压储液罐中吸取剩余制动力，泵入制动循环系统，给液压系统以压力支持，增加制动效能。电动液压泵的运转是由电子控制单元控制的。液压控制单元（N55）阀体内包括 8 个电磁阀，每个回路各一对，其中一个是常开进油阀，另一个是常闭出油阀。它在制动主缸、制动轮缸和回油路之间建立联系，实现压力升高、压力保持和压力降低的功能，以防止车轮抱死，其工作原理如下：

①开始制动阶段（系统油压建立）。

开始制动时，驾驶员踩制动踏板，制动压力由制动主缸产生，不带电压的进油阀作用到车轮制动轮缸上时，不带电压的出油阀依然关闭，ABS 系统没有参与控制，整个过程和常规液压制动系统相同，制动压力不断上升，如图 3.21 所示。

②油压保持阶段。

当驾驶员继续踩制动踏板，油压继续升高到车轮出现抱死趋势时，ABS 电子控制单元发出指令使进油阀通电并关闭阀门，出油阀依然不带电压并保持关闭，系统油压保持不变，如图 3.22 所示。

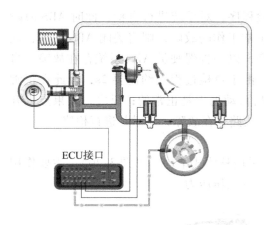

图 3.21 开始制动阶段

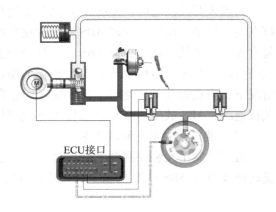

图 3.22 ABS 调节—油压保持

③油压降低阶段。

若制动压力保持不变,车轮有抱死趋势,则 ABS ECU 给出油阀通电打开出油阀,系统油压通过低压储液罐降低油压,此时进油阀继续通电保持关闭状态,有抱死趋势的车轮被释放,车轮转速开始上升。与此同时,电动液压泵开始起动,将制动液由低压储液罐送至制动主缸,如图 3.23 所示。

④油压增加阶段。

为了使制动最优化,当车轮转速增加到一定值后,电子控制单元将出油阀断电,关闭此阀门,进油阀同样也不带电而打开,电动液压泵继续工作,从低压储液罐中吸取制动液泵入液压制动系统,如图 3.24 所示。随着制动压力的增加,车轮转速又降低。这样反复循环(工作频率为 5~6 次/s),将车轮的滑移率始终控制在 20% 左右。

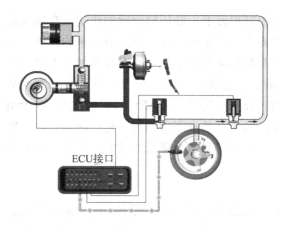

图 3.23 ABS 调节—油压降低

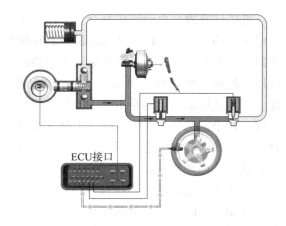

图 3.24 ABS 调节—油压升高

如果 ABS 系统出现故障,则进油阀始终常开,出油阀始终常闭,使常规液压制动系统继续工作而 ABS 系统不工作,直到 ABS 系统故障排除为止。

3. 故障警告灯

ABS 系统在仪表板及仪表板附加部件上装有两个故障警告灯,一个是 ABS 警告灯

（K47），另一个是制动装置警告灯（K118）。

两个故障警告灯正常点亮的情况是：点火开关打开至自检结束（大约2s）；在拉紧驻车制动装置时警告灯（K118）点亮。如果上述情况灯不亮，说明故障警告灯本身或线路有故障。

如果 ABS 故障灯常亮，说明 ABS 系统出现故障；如果制动装置警告灯常亮，说明制动液缺乏。

四、ABS 系统的检修

ABS 系统检修的基本内容包括故障诊断与检查、故障排除与修理、定期保养与维护。根据 ABS 的特点，具有一些特殊的检查、诊断和修理 ABS 系统的方法。

1. 诊断与检查的基本内容

特定的诊断与检查可及时发现 ABS 系统中的故障，是维修中非常重要的部分。对于不同的车型，甚至同一系列不同年代生产的车型，诊断与检查的方法和程序都会有所不同，这一点只要比较相应的维修手册便可知道。但 ABS 系统基本诊断与检查方法的内容是不变的，它们一般包括以下 4 个步骤：

（1）初步检查；
（2）故障自诊断；
（3）快速检查；
（4）故障指示灯诊断。

通常情况下，只要按照上述 4 个步骤进行诊断与检查，即可迅速找到 ABS 系统的故障点。故障自诊断是汽车装用电控单元后给修理人员提供的快速自动故障诊断法，在整个诊断与检查中占有极为重要的地位。后面将集中介绍自诊断方法。

2. 修理的基本内容

通过诊断与检查后，一旦准确地判断出 ABS 系统中的故障部位，即可对其进行调整、修复或换件，直到故障被排除为止。修理的步骤如下。

（1）泄去 ABS 系统中的压力。
（2）对故障部位进行调整、拆卸、修理或换件，最后进行安装。这一切必须按相应的规定进行。
（3）按规定步骤进行放气。

如果是车轮速度传感器或电控单元有故障，可以不进行第一和第三步，只需按规定进行传感器的调整、更换即可。ABS 电控单元损坏只能进行更换。

3. ABS 维修的注意事项

（1）ABS 系统与普通制动系统是不可分的，普通制动系统一旦出现问题，ABS 系统就不能正常工作。因此，要将二者视为整体进行维修，不能只把注意力集中于传感器、电控单元和液压调节器上。

（2）ABS 电控单元对过电压、静电非常敏感，稍有不慎就会损坏电控单元中的芯片，使整个 ABS 瘫痪。因此，点火开关接通时不要插或拔电控单元上的连接器；在车上进行电焊之前，要戴好防静电器（也可用导线一头缠在手腕上，一头缠在车体上），拔下电控单元上的连接器后再进行电焊；给蓄电池进行专门充电时，要将电池从车上拆卸下来或摘下蓄电池电缆后再进行充电。

（3）维修车轮速度传感器时一定要十分小心。拆卸时注意不要碰伤传感器头，不要用传感器齿圈当作撬面，以免损坏。安装时应先涂覆防锈油，安装过程中不可敲击或用蛮力。一般情况下，传感器气隙是可调的（也有不可调的），调整时应使用非磁性塞卡，如塑料或铜塞卡，当然也可使用纸片。

（4）维修 ABS 液压控制装置时，首先要进行泄压，然后再按规定进行修理。例如制动主缸和液压调节器设计在一起的整体 ABS，其蓄压器存储了高达 18 000kPa 的压力，修理前要彻底泄去，以免高压油喷出伤人。

（5）制动液至少每隔两年要换一次，最好是每年更换一次。这是因为 DOT3 乙二醇型制动液的吸湿性很强，含水分的制动液不仅会使制动系统内部产生腐蚀，而且会使制动效果明显下降，影响 ABS 的正常工作。注意不要使用 DOT5 硅酮型制动液；更换和存储的制动液以及器皿要清洁，不要让污物、灰尘进入液压控制装置；制动液不要沾到 ABS 电控单元和导线上。最后要按规定的方式进行放气（与普通制动系统的放气有所不同）。

（6）在进行 ABS 诊断与检查时，只要掌握扫描仪等专业工具的使用方法，按照维修手册中给出的故障诊断图表做故障诊断即可，可以不拘泥于检查形式和步骤，只要能准确地判断出故障点即可。但是，在更换 ABS 零部件时，一定要选用本车型正宗的高质量配件，以确保 ABS 维修后能正常工作。

学习情境四

ESP 失效故障的诊断与修复

一、ESP 系统的作用

电子稳定程序 ESP 集成了 ABS、ASR 等系统的功能，在各种情况下都能提高汽车行驶的稳定性，属于汽车主动安全系统。ABS 系统一般在车辆制动时发挥作用。ASR 系统只在车辆起步和加速行驶时发挥作用。而 ESP 系统则在整个行驶过程中始终处于工作状态，不停地监控车辆的行驶状态及观察驾驶员的操作意图，从而决定什么时候通过发动机控制系统主动地修正汽车的行驶方向，把汽车从危险的边缘拉回到安全的境地。ESP 系统为汽车提供了在紧急情况下一个十分有效的安全保障，大大降低了汽车在各种道路状况下以及转弯时发生翻转的可能性，提高了汽车的行驶稳定性。电子稳定程序 ESP 系统的作用可归纳为以下三点：

1）实时监控

ESP 能够实时监控驾驶者的操控动作、路面反应、汽车运动状态，并不断向发动机和制动系统发出控制指令。

2）主动干预

ESP 可以通过主动调控发动机的转速，调整每个车轮的驱动力和制动力来修正汽车的过度转向及转向不足。

3）警报

当驾驶者操作不当或路面异常而导致车轮出现滑转时，ESP 会用警告灯警示驾驶者，提示司机不要猛踩加速踏板，控制好转向盘的操作，以确保行车安全。

二、ESP 系统的类型

目前电子稳定程序 ESP 系统有 3 种类型：
(1) 4 通道或 4 轮系统，能自动地向 4 个车轮独立施加制动力。
(2) 2 通道系统，只能对 2 个前轮独立施加制动力。
(3) 3 通道系统，能对 2 个前轮独立施加制动力，而对后轮只能一同施加制动力。

三、ESP 系统的组成

电子稳定程序 ESP 系统是在 ABS/ASR 系统的基础上发展起来的，故大部分元件与

ABS/ASR 系统共用，其也是由传感器、电控单元及执行器三部分组成的。BOSCH ESP 系统的组成如图 4.1 所示。

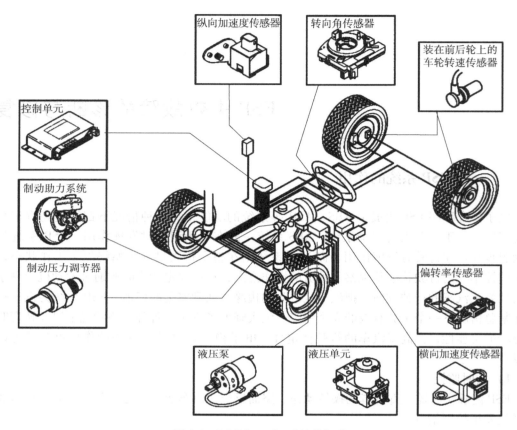

图 4.1 BOSCH ESP 系统的组成

1. 传感器

ESP 作为保证行车安全的一个重要电控系统，其各个传感器的正常工作是进行有效控制的基础。BOSCH ESP 系统在 ABS/ASR 基础上增加了转向角传感器、偏转率传感器、纵向及横向加速度传感器等。

转向角传感器用于检测转向盘的转角信号（包括转角的大小和转动速率），这一信号反映了驾驶员的操作意图。偏转率传感器（也叫横摆角速度传感器）用于检测汽车翻转的信号，这种传感器像一个罗盘，时刻监测着汽车的准确姿态，并记录下汽车每个可能的翻转运动。ESP 中的加速度传感器有沿汽车前进方向的纵向加速度传感器（用于四轮驱动车辆）和垂直于前进方向的横向加速度传感器，其基本原理相同，只是成 90°夹角安装。

2. ECU

ESP 系统一般与 ABS/ASR 系统共用 ECU，它是将 ABS/ASR 系统 ECU 的功能进行扩展后再进行 ABS/ASR/ESP 控制。其主要包括输入信号放大电路、运算电路、执行器控制电路、稳压电源电路和电磁屏蔽电路等。

1）输入信号放大电路

对各传感器信号进行滤波、整形后送往运算电路单元。

2) 运算电路

主要进行车轮速度、车轮加（减）速度、汽车行驶速度、车辆名义（期望）侧偏角、实际侧偏角、名义（期望）横摆角速度、实际横摆角速度、汽车侧向加速度、车轮滑移率等控制参数的计算以及电磁阀、副节气门的开启控制运算和监控运算。ESP 控制系统一般采用两套相同而独立的运算电路进行相同的运算及数据传输，并通过比较确保系统的可靠性。

3) 执行器控制电路

根据运算电路的信号对电磁阀、副节气门（或电子节气门）的开、关时刻和频率进行控制，以调整车轮的滑移率和汽车的侧偏角。

4) 稳压电源监控、故障存储、继电器驱动电路。对 ESP 控制器内部电压进行调节和监控，对出现的故障进行监控和故障代码的存储。

5) 电磁屏蔽电路。采用电磁屏蔽措施防止发动机的点火高压线在跳火时所产生的强电磁场对 ESP 系统的控制单元和传感器信号产生影响。

3. 执行器

在 ABS/ASR 系统执行器的基础上，改进了通往各车轮的液压通道，增加了 ESP 警告灯和 ESP 蜂鸣器等。

四、ESP 系统的工作原理

汽车安全性方面最重要的就是避免发生事故，也就是所谓的主动安全。汽车规避事故的功能是汽车重要而又基本的性能，其有助于避免或自动地避免事故的发生。电子稳定程序系统 ESP 的作用主要是在汽车将要出现失控时，主动地参与避免事故发生的控制过程，有效地增加汽车稳定性。

不带 ESP 系统的汽车在高速行驶急转弯时会出现两种危险状况：一种是不足转向（有冲出弯道的倾向），如图 4.2（a）所示；另一种是过度转向（有甩尾的倾向），如图 4.3（a）所示。两者相比，过度转向是一种危险的不稳定状况，它可导致汽车急速旋转甚至翻车。

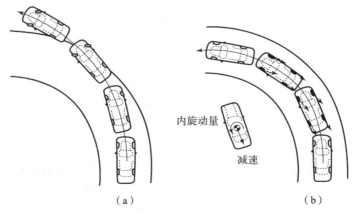

图 4.2 不足转向
(a) 不带 ESP；(b) 带 ESP

ESP 系统的工作原理是：传感器实时地检测驾驶员的行驶意图和车辆的实际行驶情况。其中转向角传感器用来收集驾驶员的转向意图；车轮转速传感器（每个车轮上都装有一个）、偏转率传感器、纵向/横向加速度传感器等用来监测车辆运动状况。ECU 根据各传感器的信号计算出车辆的实际运动轨迹，如果实际运动轨迹与理论运动轨迹（驾驶员意图）有偏差，或者检测出某个车轮打滑（丧失抓地能力），ECU 就会通知副节气门控制机构（或电子节气门）减小开度（收油），然后通知制动系统对某个车轮进行制动，来修正运动轨迹。当实际运动轨迹与理论运动轨迹相一致时，ESP 自动解除控制。

例如，当车辆转向不足时，ESP 系统使用发动机和变速器管理系统并有意识地对位于弯道内侧的后轮实施瞬间制动，防止车辆驶出弯道；当车辆转向过度时，ESP 系统使用发动机和变速器管理系统并有意识地对位于弯道外侧的前轮实施瞬间制动，防止离心力。

图 4.2（b）与图 4.3（b）所示为带 ESP 系统的车辆在高速急转弯时的控制结果。

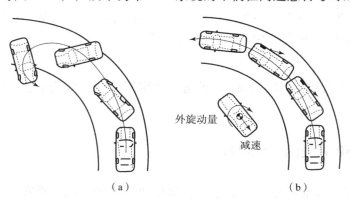

图 4.3 过度转向
（a）不带 ESP；（b）带 ESP

五、ESP 系统主要零部件的结构与工作原理

大众公司采用的 ESP 系统由 BOSCH 和 ITT 两家公司提供，它们的功能和原理基本相同，只是结构有所不同。BOSCH 电子稳定程序 ESP 系统组成如图 4.4 所示。

1. 传感器

1）转向角传感器 G85

安装在转向柱上，位于转向开关与转向盘之间，与安全气囊时钟弹簧集成为一体。该传感器的功用是检测并向控制单元传送转向盘转动的角度信号。若无此信号，则车辆无法确定行驶方向，ESP 将失效。传感器测量的角度范围是 ±720°，对应转向盘转 4 圈。图 4.5 所示为转向角传感器的外形图。

该传感器是根据光栅原理进行测量的，如图 4.6 所示。安装在转向柱上的编码盘包含了经过编码的转动方向、转角等信息。编码盘由两个齿环——绝对环和增量环组成，光学传感器 2、4 分别扫描这两个环。当编码盘随转向盘转动时，齿盘间断地遮挡发光光源，使光学传感器的输出电压发生变化。位于内侧的增量环上的齿槽大小相等且均匀分布，产生的电压

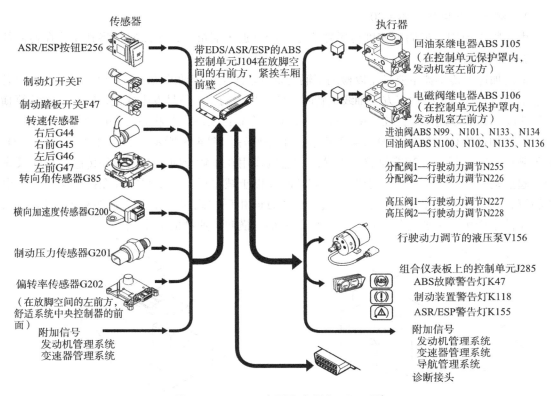

图 4.4　BOSCH 电子稳定程序 ESP 系统

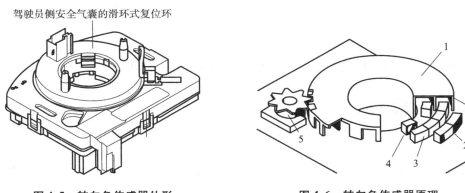

图 4.5　转向角传感器外形

图 4.6　转向角传感器原理
1—编码盘；2,4—光学传感器；
3—光源；5—旋转计数器

脉冲信号是均匀的；而位于外侧的绝对环上的齿槽大小及分布不均匀，产生的信号也不均匀，接通点火开关并且转向角传感器转过一定角度后，ECU 可以通过两组脉冲序列来确定当前转向盘的绝对转角。转向角传感器与 ECU 的通信通过 CAN 总线完成，且是 ESP 系统中唯一直接由 CAN – BUS 向控制单元传递信号的传感器。

用诊断仪或示波器对转向角传感器进行诊断，ECU 可诊断出"传感器无信号""设定错误""电子故障"和"不可靠信号"等故障。

2）横向加速度传感器 G200

由于物理原因，横向加速度传感器应尽可能靠近车辆重心，所以通常将其安装在转向柱下方偏右侧前仪表台内。

横向加速度传感器主要是用以检测车辆沿垂直轴线发生转动的情况，并给控制单元提供转动速率的信号。当车绕垂直方向轴线偏转时，传感器内的输出信号发生变化，ECU 据此计算横向加速度。如果无此信号，控制单元将无法计算出车辆的实际行驶状态，ESP 功能将失效。

横向加速度传感器外形如图 4.7 所示，工作原理如图 4.8 所示，其主要由霍尔传感器、永久磁铁、减振板、片簧等组成。当横向加速度作用在车辆上时，减振板随传感器机体及车辆一起摆动，而永久磁铁则由于惯性而摆动时间慢于减振板。由于减振板在振动中会产生电子涡流，故将产生一个与永久磁铁形成的磁场方向相反的磁场。在两个叠加磁场的作用下，霍尔元件中产生一个变化的电压，该电压的大小与横向加速度的大小成比例。

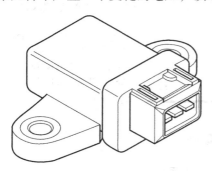

图 4.7　横向加速度传感器外形

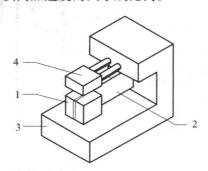

图 4.8　横向加速度传感器工作原理
1—永久磁铁；2—片簧；
3—减振板；4—霍尔传感器

用诊断仪或万用表对横向加速度传感器进行诊断，ECU 可以诊断出"线路断路""对正极、负极短路"和"传感器损坏"等故障。

3）偏转率传感器 G202

一般尽可能安装在靠近汽车中心处，用于检测汽车沿垂直轴的偏转程度，其外形如图 4.9 所示。

传感器的原理如图 4.10 所示，该传感器的基本部分是一个空心圆筒，圆筒下部装着 8

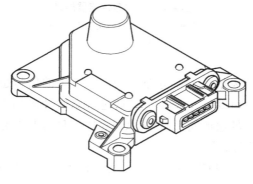

图 4.9　偏转率传感器外形

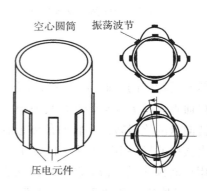

图 4.10　偏转率传感器原理

个压电元件，其中4个使空心圆筒处于谐振状态，另外4个压电元件将圆筒谐振波节的变化情况转变成电压信号输送给ECU。而圆筒的谐振波节的变化情况与圆筒受到的外来扭矩有关，即与圆筒的偏转率有关。电控单元由此算出偏转程度。

偏转率传感器、横向加速度传感器的安装位置基本相同，输出都是0~5V的模拟量，且由于汽车颠簸造成的信号波动特性一致，故有些车型将它们封装在同一模块中。

可用诊断仪或万用表对偏转率传感器和横向加速度传感器进行诊断。

4）制动力传感器G201

制动力传感器G201装于行驶动力调节液压泵V156上，提供电控单元制动系统的实际压力，控制单元相应计算出作用于车轮上的制动力和整车的纵向力大小。

如果没有制动压力，信号系统将无法计算出正确的侧向力，故ESP失效，ECU可以诊断出"线路断路""对正极短路"和"对负极短路"等故障。

该传感器不能从液压泵中拧出，损坏时需要和液压泵一起更换。

5）车轮转速传感器G44~G47

用以检测每个车轮的实际转速，以便判断车轮的运动状态。如果没有信号，则ABS、ESP警告灯亮，表明系统无法正常工作，即ABS、ESP功能失效。

对于电磁式传感器，可通过测量电阻检测；对于霍尔式传感器，只能通过检测波形来判断性能的好坏。此时ECU可以诊断出"传感器无信号"和"传感器断路"等故障。

6）ASR/ESP按钮E256

通常安装在仪表板附近，按下ASR/ESP按钮E256，ESP功能关闭；再次按该按钮，ESP功能重新激活。

在以下三种情况下ESP不应工作，ESP开关应处于关闭状态：车辆从深雪或松软地面爬出来时；车辆带防滑链行驶时；车辆在功率试验台上开动时。

在以下三种情况下ESP系统将不能被关闭：ESP正在工作；超过一定的车速；系统出现故障。此时组合仪表上的ESP警告灯会报警。该开关没有自诊断功能。

2. 控制单元

控制单元Jl04主要负责整个系统的信息运算分析和控制指令的发出。为了保障系统的可靠性，在系统中有2个处理器，二者用同样的软件处理信号数据，并相互监控比较。这种双配置的系统叫作主动冗余系统。

控制单元出现故障，驾驶者仍可做一般的制动操作，但ABS/ASR/ESP功能失效。

3. 执行器

执行器包括ESP液压控制单元、电子节气门、ESP警告灯等。这里主要介绍液压控制单元和ESP警告灯。

1）液压控制单元

如图4.11所示，它由12个电磁阀、一个液压泵和一个回油泵等组成。其中8个电磁阀用于ABS控制，4个电磁阀用于ESP控制。ECU通过控制液压控制单元的电磁阀达到控制ABS/ASR/ESP的目的。

该系统有两条对角线控制回路，每条回路上多了两个控制电磁阀（分配阀和高压阀），如果系统某一个阀工作不正常，则ESP系统将关闭。

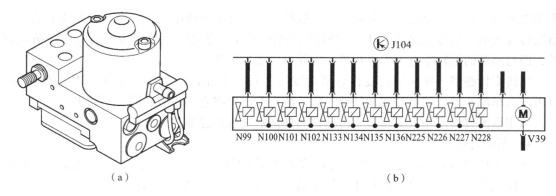

图 4.11 液压控制单元及电路
（a）液压控制单元；（b）液压控制单元内部电路

图 4.12（a）所示为一个车轮的液压控制回路。当 ESP 起作用时，ESP 控制过程如下：

增压阶段，如图 4.12（b）所示。电磁阀状态：分配阀 N225 关闭，高压阀 N227 打开，ABS 的进油阀打开，回油阀关闭，行驶动力调节液压泵开始将储液罐中的制动液输送到制动管路中，回油泵也开始工作，使车轮制动轮缸中的制动压力加大，系统处于增压状态。

保压阶段，如图 4.12（c）所示。电磁阀状态：分配阀 N225 关闭，高压阀 N227 关闭，进油阀关闭，回油阀关闭，回油泵停止工作，系统处于保压状态。

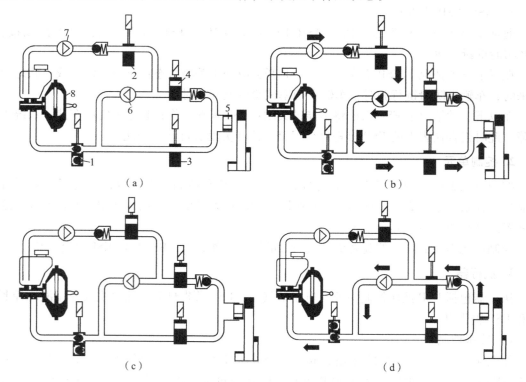

图 4.12 液压控制单元工作原理
（a）液压控制单元工作原理；（b）增压阶段；（c）保压阶段；（d）减压阶段
1—分配阀 N225；2—高压阀 N227；3—进油阀；4—回油阀；5—车轮制动轮缸；6—回油泵；
7—行驶动力调节液压泵；8—制动助力器

减压阶段，如图 4.12（d）所示。电磁阀状态：分配阀 N225 打开，高压阀 N227 关闭，进油阀关闭，回油阀打开，制动液通过串联式制动主缸流回储液罐中，系统处于减压状态。

2）ESP 系统警告灯

ESP 系统共有 3 种警告灯，分别为制动装置警告灯 K118、ABS 故障警告灯 K47、ASR/ESP 警告灯 Kl55。当系统处于不同的状态时，3 种警告灯就会有不同的显示，所以在实际应用过程中，可以根据 3 种警告灯的显示情况来判断整个 ESP 系统的工作是否正常。

当 ASR/ESP 起作用时，ASR/ESP 警告灯 Kl55 闪烁；当按下 ASR/ESP 按钮，且 ABS 有效时，ASR/ESP 警告灯 Kl55 亮起；若 ASR/ESP 系统及 ABS 系统发生故障，ASR/ESP 警告灯 Kl55 和 ABS 故障警告灯 K47 点亮。

学习情境五

汽车前轮摆振故障的诊断与修复

一、知识要求

1. 汽车行驶系统的功用

（1）接受由传动系传来的扭矩，并通过驱动轮与路面间附着作用，产生路面对汽车的牵引力。

（2）传递并承受路面作用于车轮上的各种反力及其所形成的力矩。

（3）缓和行驶时由于路面不平对车身造成的冲击和振动，并且与转向系很好地配合，实现汽车行驶方向的正确控制，从而保证汽车行驶平顺性和操纵稳定性。

2. 汽车行驶系统的类型及组成

汽车行驶系统与使用条件有很大关系，常见的有轮式和履带式两种。履带式行驶系统又有半履带式、全履带式和车轮—履带式三种。

轮式行驶系统由车架、车桥、车轮和悬架组成。半履带式行驶系统只有后桥装有履带；全履带式行驶系统前后桥均装有履带；车轮—履带式行驶系统可以互换使用车轮和履带。

3. 车架

1）车架的功用

车架俗称"大梁"，它是汽车的装配基体，汽车绝大部分的零部件、总成都要安装在车架上。另外，车架不仅承受着各零部件、总成的载荷，还要承受汽车行驶时来自路面各种复杂载荷的作用，如汽车加速、制动时的纵向力，汽车转弯、侧坡行驶时的侧向力，不良路面传来的冲击等。

所以，车架的功用可以概括为两点：一是支撑、连接汽车各零部件、总成；二是承受车内、外各种载荷的作用。

从车架的功用可以看出，车架是一个形状复杂、强度和刚度要求较高的刚性结构。

2）车架的类型和构造

汽车上采用的车架有四种类型：边梁式车架、中梁式车架、综合式车架和无梁式车架。目前汽车上多采用边梁式车架和无梁式车架。

（1）边梁式车架。

边梁式车架如图 5.1 所示，它由两根纵梁和若干根横梁构成。纵梁和横梁之间通过铆接或焊接的方法连接起来。这种车架结构简单，便于整车的布置，所以在各种类型的汽车上都有广泛应用。

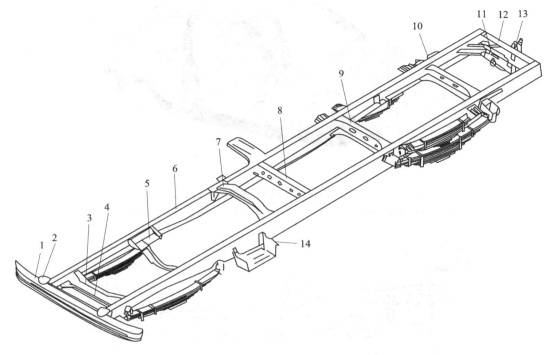

图 5.1 边梁式车架

1—保险杠；2—挂钩；3—前横梁；4—发动机前悬置横梁；5—发动机后悬置支架及横梁；6—纵梁；7—驾驶室后悬置横梁；8—第四横梁；9—后钢板弹簧前支架横梁；10—后钢板弹簧后支架横梁；11—角撑横梁组件；12—后横梁；13—拖钩；14—蓄电池托架

纵梁的结构具有以下特点：一是从宽度上看有前窄后宽、前宽后窄和前后等宽三种形式，前窄使前轮具有足够的偏转角度，提高了车辆的机动性能；后窄用于重型车辆，便于布置双胎。二是从平面度上看有水平和弯曲两种形式，水平的纵梁便于零部件、总成的安装和布置；弯曲的纵梁可以降低车辆重心。三是从断面形状上看，有槽形、Z字形、工字形和箱形几种，这些形状主要为了在满足质量小的前提下，车架具有足够的强度和刚度，以承受各种载荷。横梁多为槽形。

（2）无梁式车架。

无梁式车架是用车身兼作车架，汽车的所有零部件、总成都安装在车身上，车身要承受各种载荷的作用，因而这种车身又称为承载式车身，广泛用于轿车和客车，如图5.2所示。

（3）中梁式车架和综合式车架

中梁式车架和综合式车架分别如图5.3和图5.4所示，由于这两种车架结构复杂，加工、制造及维修困难，所以目前很少应用。

4. 车桥

车桥位于悬架与车轮之间，其两端安装车轮，通过悬架与车架（或车身）相连，其功用是传递车架（或车身）与车轮之间的各种载荷。

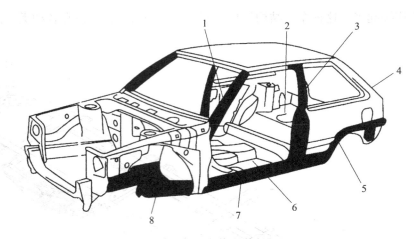

图 5.2 承载式车身

1—A柱；2—行李舱底板；3—B柱；4—后围侧板；5—后纵梁；6—底板；7—车门栏板；8—前纵梁

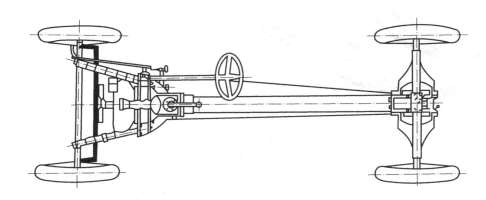

图 5.3 中梁式车架

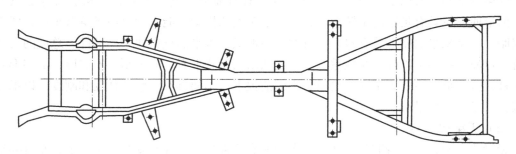

图 5.4 综合式车架

按悬架结构不同，车桥分为整体式和断开式两种。整体式车桥的中部是刚性实心或空心梁，与非独立悬架配用；断开式车桥为活动关节式结构，与独立悬架配用。

按车桥上车轮的作用不同，车桥分为转向桥、驱动桥、转向驱动桥和支持桥四种类型，其中转向桥和支持桥都属于从动桥。

在后轮驱动的汽车中，前桥不仅用于承载，而且兼起转向作用，称为转向桥；后桥不仅用于承载，而且兼起驱动作用，称为驱动桥。

越野汽车和前轮驱动汽车的前桥，除了具有承载和转向的作用外，还兼起驱动作用，所以称为转向驱动桥。

只起支撑作用的车桥称为支持桥，挂车的车桥就是支持桥。支持桥除不能转向外，其他功能和结构与转向桥相同。

1) 转向桥

转向桥通常位于汽车前部，能使装在其两端的车轮偏转一定的角度，以实现汽车转向，同时还要承受车架与车轮之间的作用力及其产生的弯矩和转矩。

转向桥的结构与组成。

各种车型的转向桥结构基本相同，主要由前轴、转向节和主销等组成，如图5.5所示。

前轴是转向桥的主体，一般由中碳钢经模锻而成。其端面采用工字形断面以提高抗弯强度；接近两端逐渐过渡为方形，以提高抗扭刚度。中部加工出两处用以支撑钢板弹簧的弹簧座（图5.5中未画出），其上钻有四个安装U形螺栓（俗称骑马螺栓）的通孔和一个位于中心的钢板弹簧定位凹坑。中部向下弯曲，使发动机位置得以降低，从而降低汽车重心，扩展驾驶员视野，并减小传动轴与变速器输出轴之间的夹角。前轴两端各有一个加粗部分，呈拳形，称为拳部。其中有通孔，主销即装入此孔内，用带有螺纹的楔形锁销将主销固定在拳部孔内，使之不能转动。

转向节是一个叉形部件。上、下两叉制有同轴销孔，通过主销与前轴的拳部相连，使前轮可以绕主销偏转一定角度而使汽车转向。为了减小磨损，转向节销孔内压入青铜衬套，衬套上的润滑油槽在上面端部是切通的，用装在转向节上的油嘴注入润滑脂润滑。为使转向灵活轻便，在转向节下耳与前轴拳部之间装有滚子推力轴承；在转向节上耳与拳部之间装有调整垫片，以调整其间的间隙。在左转向节的上耳装有与转向节臂制成一体的凸缘，在下耳则装有与转向梯形臂制成一体的凸缘，此两凸缘上均制有一矩形键，因此在左转向节的上、下耳都有与之配合的键槽。转向节即通过矩形键及带有锥形套的双头螺栓与转向节臂及梯形臂相连。

车轮轮毂通过两个圆锥滚子轴承支承在转向节轴颈上，轴承的松紧度可用调整螺母加以调整。轮毂外端用冲压的金属罩盖住。转向节上还装有限位螺栓，限位螺栓与前轴上的限位凸台相配合，可以限制并调整转向轮的最大偏转角。

2) 转向驱动桥

越野汽车、前轮驱动汽车和全轮驱动（4WD）汽车的前桥，既起转向桥的作用，又兼起驱动桥的作用，故称为转向驱动桥。

转向驱动桥同一般驱动桥一样，由主减速器、差速器、半轴和桥壳组成。但由于转向时转向车轮需要绕主销偏转一个角度，故与转向轮相连的半轴必须分成内、外两段（内半轴和外半轴），其间用万向节（一般多用等速万向节）连接，同时主销也因此而分制成两段（或用球头销代替）。转向节轴颈部分做成中空的，以便外半轴穿过其中。

图5.6所示为桑塔纳2000轿车的前桥总成，采用的是断开式、独立悬架转向驱动桥。

车桥上端通过左、右悬架与承载式车身相连接，下端通过左、右下摆臂与固定于车身上的副车架相连接。悬架车轮轴承壳与下摆臂之间通过可移动球形接头连接，从而使前轮固定，并可通过下摆臂上的长孔调整车轮外倾角。为了减小车辆转向时的车身倾斜，在副车架与下摆臂之间还装有横向稳定器。

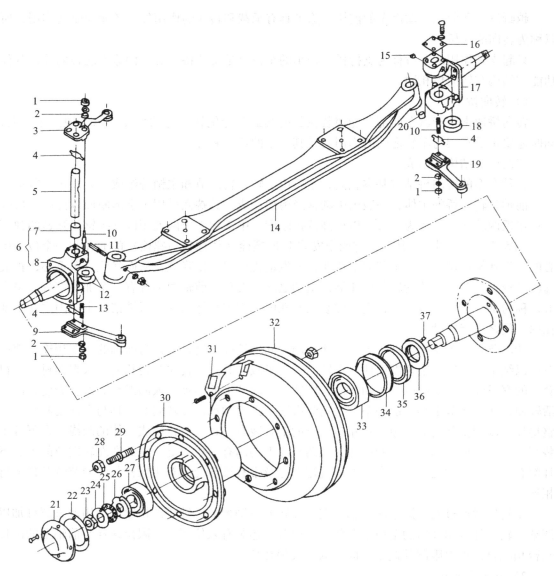

图 5.5 转向桥分解图

1—紧固螺母；2—锥套；3—转向节臂；4—密封垫；5—主销；6—左转向节总成；7—衬套；8—左转向节；9—左转向梯形臂；10，13—双头螺柱；11—楔形锁销；12—调整垫片；14—前轴；15—油嘴；16—右转向节上盖；17—右转向节；18—止推轴承；19—右转向梯形臂；20—限位螺栓；21—轮毂盖；22—衬垫；23—锁紧螺母；24—止推垫圈；25—锁紧垫圈；26—调整螺母；27—前轮毂外轴承；28—螺母；29—螺栓；30—车轮轮毂；31—检查孔塞；32—制动鼓；33—前轮毂内轴承；34—轮毂油封外圈；35—轮毂油封总成；36—轮毂油封内圈；37—定位销

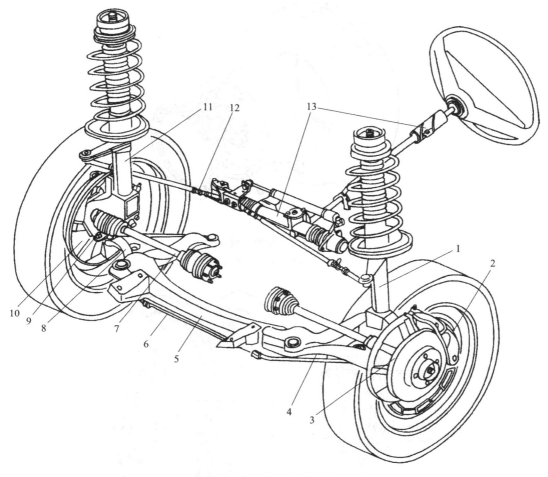

图 5.6　桑塔纳 2000 轿车的前桥总成

1，11—悬架；2—前轮制动鼓总成；3—制动盘；4，8—下摆臂；5—副车架；6—横向稳定器；
7—传动半轴总成；9—球形接头；10—车轮轴承壳；12—横向稳定杆；13—转向装置总成

5. 车轮总成

汽车车轮总成如图 5.7 所示，它是由车轮和轮胎两大部分组成的，是汽车行驶系的重要部件。其主要功用有：支撑整车质量；缓和由路面传递来的冲击载荷；通过轮胎和路面之间的附着作用为汽车提供驱动力和制动力；产生平衡汽车转向离心力的侧向力，以便顺利转向，并通过轮胎产生的自动回正力矩，使车轮具有保持直线行驶的能力。此外，车轮和轮胎（特别是轿车轮胎）还是汽车重要的安全件，几乎所有的汽车行驶性能都与轮胎有关。

1）车轮

（1）车轮的功用和组成。

车轮是介于轮胎和车桥之间承受负荷的旋转组件，其功用是安装轮胎，承受轮胎与车桥之间的各种载荷的作用。车轮一般是由轮毂、轮辋和轮辐组成的，如图 5.8 所示。轮毂通过圆锥滚子轴承装在车桥或转向节轴径上，用于连接车轮与车桥。轮辋用于安装和固定轮胎。轮辐用于将轮毂和轮辋连接起来，并通过螺栓与轮毂连接起来。

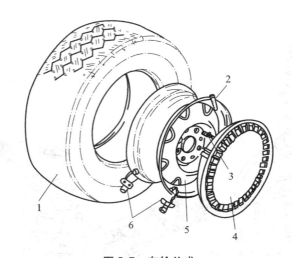

图 5.7 车轮总成

1—轮胎；2—气门嘴；3—螺栓；4—装饰罩；5—车轮；6—平衡块

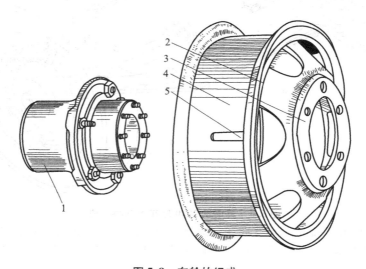

图 5.8 车轮的组成

1—轮毂；2—挡圈；3—轮辐（辐板式）；4—轮辋；5—气门嘴出口

（2）车轮的构造。

①轮辐。

按轮辐结构的不同，车轮可以分为两种形式：辐板式车轮和辐条式车轮。

a. 辐板式车轮。

目前，普通轿车和轻、中型货车普遍采用辐板式车轮，如图 5.9 所示，它由挡圈、轮辋、辐板和气门嘴伸出口组成。车轮中用以连接轮毂和轮辋的钢质圆盘称为辐板，辐板大多是冲压制成的，少数是和轮毂铸成一体，后者主要用于重型汽车。

货车辐板式车轮如图 5.9 所示。辐板与轮辋通过焊接或铆接的方式固定成为一个整体，辐板通过螺栓安装在轮毂上，辐板上的孔可以减轻质量，有利于制动鼓的散热，便于接近气门嘴，同时可作为安装时的把手。6 个孔加工成锥形，以便在用螺栓把辐板固定在轮毂上时对正中心。

货车后桥负荷比前桥大得多，为使后轮轮胎不致过载，后桥一般装用双式车轮，即在同一

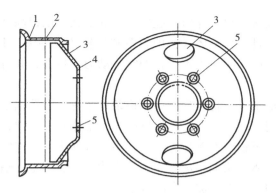

图 5.9 货车辐板式车轮

1—轮辋；2—气门嘴伸出口；3—辐板孔；4—辐板；5—螺栓孔

轮毂上安装了两套辐板和轮辋，如图 5.10 所示。为了防止汽车在行驶中固定辐板的螺母自行松脱，汽车两侧车轮上的辐板固定螺栓一般采用旋向不同的螺纹，左侧用左旋螺纹，右侧用右旋螺纹。目前在一些载货汽车上采用了球面弹簧垫圈，可以防止螺母自行松脱，故汽车左、右车轮上固定辐板的螺栓均可用右旋螺纹，从而减少了零件。

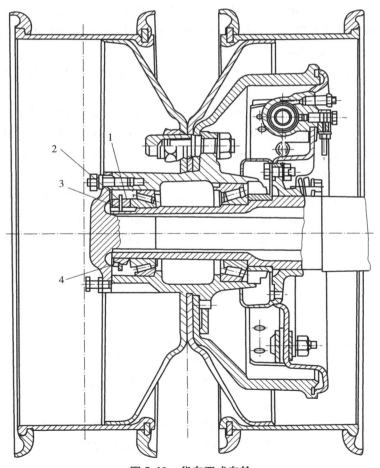

图 5.10 货车双式车轮

1—调整螺母；2—锁止垫片；3—锁紧螺母；4—销钉

轿车辐板所用板料较薄，故常冲压成起伏多变的形状，以提高其刚度。目前广泛采用的轿车车轮为铝合金车轮，且多为整体式，即轮辋和轮辐铸成一体。其质量轻，尺寸精度高，生产工艺好，美观大方，可以明显改善车轮的空气动力学特性，并可降低汽车油耗。

b. 辐条式车轮。

按辐条结构不同，辐条式车轮又分为钢丝辐条式车轮和铸造辐条式车轮。钢丝辐条式车轮的结构与自行车车轮完全一样，由于其价格昂贵、维修安装不便，故仅用于赛车和某些高级轿车上。另外，辐条式车轮还不能与无内胎轮胎组合使用。铸造辐条式车轮常用于重型货车上，辐条与轮毂铸成一体，轮辋用螺栓和特殊形状的衬块固定在辐条上。为了使轮辋和辐条很好地对中，在轮辋和辐条上都加工有配合锥面。

②轮辋的类型和结构。

轮辋用于安装和固定轮胎。按其结构不同，轮辋的常见结构形式有深槽轮辋、平底轮辋和对开式轮辋。此外，还有半深槽轮辋、深槽宽轮辋、平底宽轮辋、全斜底轮辋等。

a. 深槽轮辋：主要用于轿车及轻型越野车，适宜安装尺寸小、弹性较大的轮胎。尺寸较大、较硬的轮胎则很难装进这样的整体轮辋内。深槽轮辋有带肩的凸缘，用以安放外胎的胎圈，其肩部通常略向中间倾斜，倾斜部分的最大直径即称为轮胎胎圈与轮辋的着合直径。为便于外胎的拆装，断面的中部制成深凹槽。深槽轮辋的结构简单，刚度大，质量较小。

b. 平底轮辋：多用于货车。其挡圈是整体式的，且用一个开口锁圈来防止挡圈脱出。在安装轮胎时，先将轮胎套在轮辋上，然后套上挡圈，并将它向内推，直至越过轮辋上的环形槽，再将开口的弹性锁圈嵌入环形槽中。东风 EQl090 II 和解放 CAl091 型汽车均采用这种形式的轮辋。

c. 对开式轮辋：由内、外两部分组成，其内、外轮辋的宽度可以相等，也可以不相等，二者用螺栓连成一体。拆装轮胎时拆卸螺栓上的螺母即可。有挡圈轮辋的挡圈是可拆的。有的无挡圈，而由与内轮辋制成一体的轮缘代替挡圈，内轮辋与辐板焊接在一起，这种轮辋主要用于载质量较大的重型货车和大型客车。

近几年来，为了适应提高轮胎负荷能力的需要，国内外均朝宽轮辋的方向发展，如美国的货车已全部采用宽轮辋，欧洲各国也在积极普及宽轮辋，我国也在进行由窄轮辋向宽轮辋的过渡。实验表明，采用宽轮辋可以提高轮胎的使用寿命，并可改善汽车的通过性和行驶稳定性。

2）轮胎

（1）轮胎的功用和类型。

①功用。

现代汽车都采用充气式轮胎。轮胎安装在轮辋上，直接与路面接触，其功用如下：

a. 支撑汽车的质量，承受路面传来的各种载荷的作用。

b. 和汽车悬架共同来缓和汽车行驶中所受到的冲击，并衰减由此而产生的振动，以保证汽车有良好的乘坐舒适性和行驶平顺性。

c. 保证车轮和路面有良好的附着性，以提高汽车的动力性、制动性和通过性。

概括起来，轮胎的功用可以简记为支撑、缓冲、减振和提高附着性。

②类型。

a. 按轮胎内空气压力的大小，轮胎分为高压胎（0.5~0.7MPa）、低压胎（0.2~

0.5MPa)和超低压胎（0.2MPa 以下）三种。低压胎弹性好、减振性能强、散热性好、与地面接触面积大、附着性好，因而广泛用于轿车。超低压胎在松软路面上具有良好的通过能力，多用于越野汽车及部分高级轿车。

b. 按轮胎有无内胎，轮胎分为有内胎轮胎和无内胎轮胎（俗称真空胎）两种。目前轿车上普遍采用无内胎轮胎。

c. 按胎体帘布层结构的不同，轮胎分为斜交轮胎和子午线轮胎。目前，子午线轮胎在汽车上应用广泛。

目前轿车上应用的轮胎主要是低压（超低压）、无内胎的子午线轮胎。

（2）轮胎的结构。

①有内胎轮胎。

有内胎轮胎由外胎、内胎和垫带等组成，使用时安装在汽车车轮的轮辋上，如图 5.11 所示。

内胎是一个环形的橡胶管，上面装有气门嘴，以便充入或排出空气。为使内胎在充气状态下不产生褶皱，其尺寸应稍小于外胎的内壁尺寸。

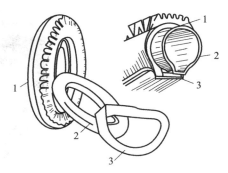

图 5.11　有内胎轮胎

1—外胎；2—内胎；3—垫带

垫带是一个环形的橡胶带，它垫在内胎与轮辋之间，以保护内胎不被轮辋和胎圈磨伤。

②无内胎轮胎。

无内胎轮胎俗称真空胎，在外观上与普通轮胎相似，但是没有内胎及垫带。它的气门嘴用橡胶垫圈和螺母直接固定在轮辋上，空气直接充入外胎中，其密封性由外胎和轮辋来保证，如图 5.12 所示。

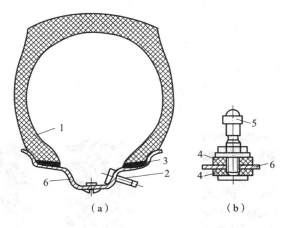

图 5.12　无内胎轮胎

1—橡胶密封层；2—气门嘴；3—胎圈橡胶密封层；4—橡胶垫圈；5—气门螺母；6—轮辋

无内胎轮胎的内壁有一层橡胶密封层，有的在该层下面还有一层自粘层，能自行将刺穿的孔黏合。在胎圈外侧也有一层橡胶密封层，用以加强胎圈与轮辋之间的气密性。无内胎轮胎一旦被刺破，穿孔不会扩大，故漏气缓慢，胎压不会急剧下降，仍能继续行驶一定距离，可消除爆胎的危险。因无内胎，故摩擦生热少、散热快，适用于高速行驶；此外，结构简单，质量较轻，维修也方便。但密封层和自粘层易漏气，途中修理也较困难。无内胎轮胎必须配用深槽轮辋，目前在轿车上应用较多。

③外胎的结构。

外胎由胎面、帘布层、缓冲层和胎圈组成，如图5.13所示。

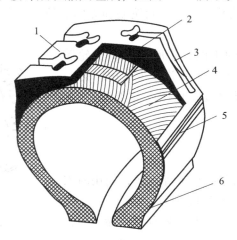

图5.13 外胎的结构

1—胎冠；2—缓冲层；3—胎肩；4—帘布层；5—胎侧；6—胎圈

a. 胎面。

胎面是轮胎的外表面，主要包括胎冠、胎肩和胎侧三部分。胎冠与路面直接接触，并产生附着力，使车辆行驶和制动。为使轮胎与地面有良好的附着性能，防止纵、横向滑移，在胎面上制有各种形状的花纹，如图5.14所示，主要有普通花纹、组合花纹和越野花纹等。普通花纹中的纵向折线花纹（见图5.14（a））轮胎最适合于在较好的硬路面上高速行驶，广泛用于轿车、客车及货车等各种车辆；横向花纹（见图5.14（b））轮胎仅用于货车。组合花纹（见图5.14（c））由纵向折线花纹和横向花纹组合而成，这种轮胎在好路面和不良路面上都可提供稳定的驾驶性能，广泛用于客车和货车。越野花纹（见图5.14（d））的凹部深而粗，这种轮胎在软路面上与地面附着性好，越野能力强，适用于矿山、建筑工地及其他一些在松软路面上使用的越野汽车轮胎。

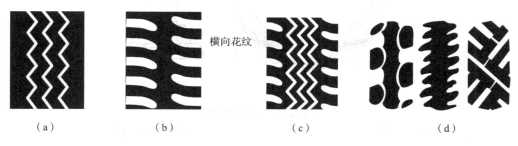

图5.14 胎面花纹

(a) 纵向折线花纹；(b) 横向花纹；(c) 组合花纹；(d) 越野花纹

胎肩是较厚的胎冠和较薄的胎侧间的过渡部分，一般也制有各种花纹，以提高该部位的散热性能。

胎侧又称胎壁，由数层橡胶构成，覆盖轮胎两侧，保护内胎免受外部损坏。胎侧在行驶过程中不断在载荷作用下挠曲变形。胎侧上标有厂家名称、轮胎尺寸及其他资料。

b. 帘布层。

帘布层是外胎的骨架，主要用于承受载荷，保持外胎的形状和尺寸，并使其具有足够的强度；帘布层通常由成双数的多层帘布用橡胶贴合而成，相邻层的帘线交叉排列。帘布层数越多，轮胎的强度越大，但弹性会下降。帘线可以是棉线、人造丝、尼龙和钢丝。

按照帘布层帘线排列方式不同，外胎可以分为斜交轮胎和子午线轮胎，如图5.15所示。

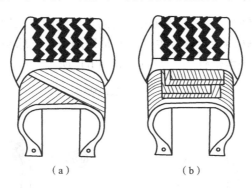

图 5.15　轮胎的结构形式
（a）斜交轮胎；（b）子午线轮胎

斜交轮胎帘布层的帘线按一定的角度交叉排列，帘线与轮胎横断面的交角通常为50°。子午线轮胎帘布层帘线排列的方向与轮胎横断面一致，即垂直于轮胎胎面中心线，类似于地球仪上的子午线。子午线轮胎胎侧比斜交轮胎软，在径向上容易变形，可以增加轮胎的接地面积，即使在充足气后，两侧壁上也有一个特殊的凸起部，如图5.16（b）所示。

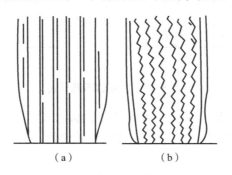

图 5.16　子午线轮胎与斜交轮胎胎侧比较
（a）斜交轮胎；（b）子午线轮胎

子午线胎与斜交轮胎相比较具有行驶里程长、滚动阻力小、节约燃料、承载能力大、减振性能好、附着性能好、不易爆胎等优势，目前在汽车上应用广泛。

c. 缓冲层。

缓冲层夹在胎面和帘布层之间，由两层或数层较稀疏的帘布和橡胶制成，弹性较大。其作用是加强胎面与帘布层之间的结合，防止汽车紧急制动时胎面与帘布层脱离，并缓和汽车行驶时所受到的路面冲击。

d. 胎圈。

胎圈由钢丝圈、帘布层包边和胎圈包布组成,有很大的刚度和强度,可以使外胎牢固地安装在轮辋上。

6. 车轮定位

为了保证汽车直线行驶的稳定性和操纵的轻便性,减少轮胎和其他机件的磨损,转向轮、转向节和前轴三者与车架的安装应保持一定的相对位置关系,这种安装位置关系称为转向车轮定位,也称前轮定位。

对于两端装有主销的转向桥,汽车转向时,转向车轮会围绕主销轴线偏转,如图 5.17(a)所示。但在大多数断开式转向桥中没有主销,而是采用上、下球头销代替主销,上、下球头销球头中心的连心线相当于主销轴线,如图 5.17(b)所示。

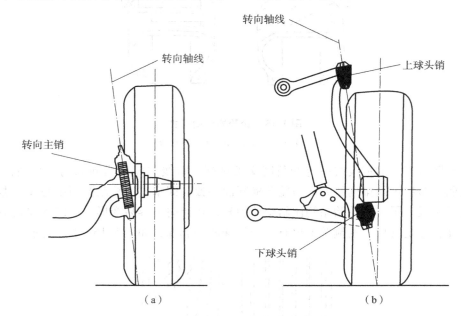

图 5.17 主销的不同形式

转向轮定位包括前轮外倾、主销后倾、主销内倾及前束四个参数。现以有主销的转向桥为例说明转向车轮定位。

1)主销后倾

主销安装在前轴上,其上端略向后倾斜,这种现象称为主销后倾。在垂直于汽车支撑平面的纵向平面内,主销轴线与汽车支撑平面垂线之间的夹角 γ 叫主销后倾角,如图 5.18 所示。

主销后倾的作用是形成回正力矩,保证汽车直线行驶的稳定性,并使汽车转向后回正操纵轻便。

主销后倾:使主销轴线的延长线与地面的交点 a 位于车轮与路面的接触点 b 之前,a、b 两点之间的距离称为主销后倾移距。设 b 点到主销轴线延长线之间的距离为 l,汽

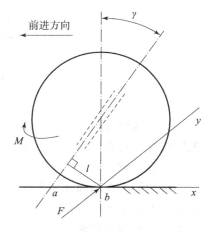

图 5.18 主销后倾

车直线行驶时，若转向轮偶然受到外力作用而偏转（图 5.18 中所示为向右偏转），汽车将偏离行驶方向而右转弯。由于汽车本身离心力的作用，在轮胎与路面接触点 b 处将产生一个路面对车轮的侧向反作用力 F，由于反作用力 F 没有通过主销轴线，因而形成了一个使车轮绕主销轴线旋转的力矩 M，其方向正好与车轮偏转方向相反，在力矩作用下，车轮能够回复到原来中间的位置，从而保证了汽车直线行驶的稳定性。同理，在汽车转向后的回正过程中，此力矩具有帮助驾驶员使转向车轮回正的作用，使汽车转向后回正操纵轻便。

主销后倾角越大、车速越高，回正力矩越大，转向轮偏转后自动回正的能力也越强。但主销后倾角也不宜过大，一般不超过 2°～3°，否则在转向时为了克服此力矩，驾驶员需在转向盘上施加较大的力，使转向沉重。为了解决这个问题，现代轿车常采用 Vorlauf 几何结构，可使主销轴线偏移至车轮中心之后，如图 5.19 所示，从而可以在不增加后倾移距的情况下增大后倾角，以提高汽车直线行驶的稳定性。这样，可将主销后倾角增大。这种几何结构在 Lexus（凌志）LS400 型（UCF1O 系列）和 Celica 型（ST184 系列）轿车上都有应用。

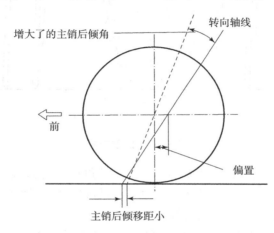

图 5.19 Vorlauf 几何结构示意图

此外，有些汽车由于采用超低压轮胎，弹性增加，转向时因轮胎弹性变形而使轮胎与路面的接触点后移，使回正力矩增加，故主销后倾角可以减小，甚至为负值（即主销前倾）。

主销后倾角一般是将前轴连同悬架安装在车架上时，使前轴向后倾斜而形成的。

2）主销内倾

主销安装在前轴上，其上端略向内侧倾斜，这种现象称为主销内倾。在垂直于汽车支撑平面的横向平面内，主销轴线与汽车支撑平面垂线之间的夹角称为主销内倾角，如图 5.20 所示。

主销内倾的作用：

（1）主销内倾具有使转向轮转向操纵轻便的作用。

如图 5.20（a）所示。由于主销内倾，使主销轴线的延长线与地面的交点至车轮中心平面与地面交点之间的距离 c 缩短（在有些维修资料中将距离 c 称为偏置或磨胎半径），转向时，路面作用在转向轮上的阻力对主销轴线产生的力矩减小，从而可减小转向时驾驶员施于转向盘上的力，使转向操纵轻便。同时还可以减小因路面不平而从转向轮传到转向盘上的冲击力。

(2) 主销内倾具有使转向轮自动回正的作用。

如图 5.20 (b) 所示,当转向轮在外力作用下绕主销旋转 (为了解释方便,假设旋转 180°,即由图 5.20 (b) 中左边位置转到右边位置) 而偏离中间位置时,由于主销内倾,车轮的最低点将陷入路面以下 h 处,即车轮必须将路面压低距离 h 后才能旋转过来,但实际上路面不可能被压低,车轮下边缘不可能陷入路面之下,而是车轮连同整个汽车前部被向上抬起相应高度 h。一旦外力消失,转向轮就会在汽车前部重力作用下力图自动回正到旋转前的中间位置。主销内倾角越大,转向轮偏转角越大,汽车前部就抬起得越高,转向轮自动回正的作用就越大。

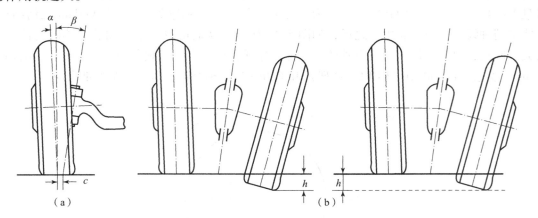

图 5.20 主销内倾

主销内倾角既不宜过大,也不宜太小。主销内倾角过大 (偏置 c 减小),转向时,车轮在滚动的同时将与路面产生较大的滑动,增加轮胎与路面的摩擦阻力,这不仅会使转向沉重,而且加速了轮胎的磨损,故主销内倾角一般不大于 8°,偏置一般为 40~60mm;主销内倾角过小 (偏置增大),汽车行驶的稳定性和制动稳定性将变差。在一些发动机前置前轮驱动的轿车上,为了使汽车具有良好的行驶稳定性,特别是制动稳定性,其主销内倾角均较大。

整体式转向桥的主销内倾角是在制造前轴时将销孔轴线上端向内倾斜而获得的。

主销后倾和主销内倾都具有使车轮自动回正及保证汽车直线行驶稳定性的作用,其区别在于:主销后倾角的回正作用随着车速的增高而增大,而主销内倾的回正作用几乎与车速无关。

3) 车轮外倾

转向轮安装在转向节上时,其旋转平面上端向外倾斜,这种现象称为转向车轮外倾。车轮旋转平面与垂直于车辆支撑面的纵向平面之间的夹角称为车轮外倾角,如图 5.21 所示。车轮外倾角的作用是提高车轮工作的安全性和转向操纵的轻便性。由于主销与衬套之间、轮毂与轴承等处都存在着装配间隙,若空车时车轮的安装正好垂直于路面,则满载时上述间隙将发生变化,车桥也会因承载而变形,从而引起车轮向内倾斜。车轮内倾将使路面对车轮的垂直反作用力的轴向分力压向轮毂外端的小轴承,使该轴承及其锁紧螺母等件承受的载荷增大,降低了它们的使用寿命,严重时会损坏锁紧螺母而使车轮脱落。为此,安装车轮时要预先留有一定的外倾角,以防止上述不良影响。车轮外倾与主销内倾相配合可进一步缩短距离

c（见图 5.20（a）），使汽车转向轻便。此外，车轮有一定的外倾角也可以与拱形路面相适应。但车轮外倾角不宜过大，否则会使轮胎产生偏磨损，一般前轮外倾角为 1°左右。

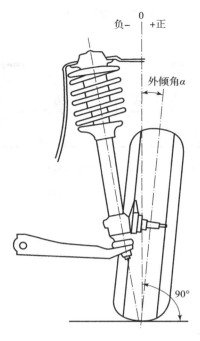

图 5.21　车轮外倾

有的汽车其前轮外倾角为负值，这样在汽车转向时可避免车身过分倾斜。

4）前轮前束

车轮安装在车桥上，两前车轮的中心平面不平行，其前端略向内侧收束，这种现象称为前轮前束。两前轮后端距离 A 大于前端距离 B，其差值称为前轮前束值，如图 5.22 所示。

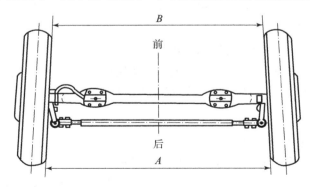

图 5.22　前轮前束

前轮前束的作用是消除因车轮外倾所造成的不良后果，保证车轮不向外滚动，防止车轮侧滑及减轻轮胎的磨损。

由于车轮外倾，汽车行驶时，两个车轮的滚动类似于两个锥体的滚动，其轨迹不再是直线，而是逐渐向各自的外侧滚开，如图 5.23 所示。但因受车桥和转向横拉杆的约束，两侧车轮不可能向外滚开，这样车轮在路面上滚动行驶的同时又被强制地拉向内侧，产生向内的侧滑，从而加剧轮胎的磨损。有了前束，车轮滚动的轨迹是向内侧偏斜，只要前束值与车轮外倾角配合适当，车轮向内、外侧滚动的偏斜量就会相互抵消，使车轮每一瞬间的滚动方向都朝着正前方，从而消除了侧滑、减轻了轮胎的磨损。

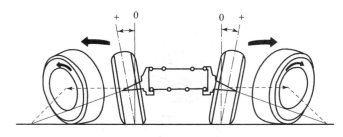

图 5.23　车轮外倾产生的车轮运动示意图

前轮前束值可以通过改变转向横拉杆的长度来调整，一般前束值为 0～12mm。

二、技能要求

1. 车轮的拆装

1）车轮总成的拆卸

（1）停稳车辆，用三角木掩住各车轮。

（2）取下车轮上的装饰罩，弄清楚汽车左右车轮与轮毂连接螺栓的螺旋方向，使用车轮螺母拆装机或用套筒扳手初步拧松各连接螺母。

（3）用千斤顶顶住指定位置，也可将车辆停在举升机上升起车辆，使被拆卸车轮稍离开地面。

（4）拧下车轮与轮毂连接的全部螺母，取下垫圈，并摆放整齐。

（5）一边向外拉、一边左右晃动车轮，从车轴上取下车轮总成。

2）车轮总成的安装

（1）顶起车桥，套上车轮，将螺母初步拧在螺柱上。

（2）放下车轮并在车轮前后用三角木掩住，用扭力扳手或车轮螺母拆装机按对角线顺序分 2～3 次拧紧车轮螺母，最后一次要按规定力矩拧紧。

2. 车轮常见故障

车轮常见故障是轮毂轴承过松或过紧。

轮毂轴承用于支承车轮轮毂，为一对圆锥滚子轴承。

轮毂轴承过松，会造成车轮摆振及行驶不稳，严重时还会使车轮甩出。此时，可将车轮支起，通过用手横向摇晃车轮，即可诊断出车轮轴承是否松旷。

轮毂轴承过紧，会造成汽车行驶跑偏。全部轮毂轴承过紧时，会使汽车滑行距离明显下降。轮毂轴承过紧，还会使汽车行驶一段时间后，轮毂处温度明显上升，有时甚至使润滑脂融化而容易甩进制动鼓内使制动效能下降。

轮毂轴承过松或过紧必须立即修理，即调整轮毂轴承的预紧度，调整方法如下：

（1）用千斤顶支起车轮，拧下轮毂盖螺钉，拆下轮毂衬垫。

（2）拆下锁止销钉，旋下锁紧螺母，拆下锁止垫片。

（3）旋转调整螺母改变轮毂轴承间隙。旋进，使轮毂轴承间隙变小；旋出，则使轮毂轴承间隙变大。一般是将调整螺母旋转到底，再退回1/3圈即可。

（4）调整合适的轮毂轴承预紧度，应使车轮能自由转动，且轴向推动无明显间隙。

3. 轮胎的拆装、检查及故障诊断

1）轮胎的拆装和调整

（1）轮胎必须装配在车型规定的轮辋上，否则不仅拆装困难，而且会影响汽车行驶的稳定性，还会降低轮胎的使用性能及缩短其使用寿命。

（2）后轮双胎并装时应尽量选用同厂、同规格、同层级、同花纹的轮胎。普通结构轮胎与子午线轮胎不可搭配使用。

（3）部分车型装用有方向的花纹轮胎（如人字形花纹）。安装时应使轮胎的旋转方向标志与车辆行驶方向一致，并且在使用中左、右车轮不得换位。

（4）换装新轮胎时应尽量做到同车或同轴同换。前轮更换时应尽量装用新胎。汽车制造厂装车时，前轮一般都进行过动平衡，所以在轮胎换位时要保证前轮的动平衡量不超过规定值。如果前轮的不平衡量过大，则容易出现明显的汽车摆头现象。

（5）拆装轮胎时应尽量使用专用工具或器械（如撬棒、胎圈脱卸器、轮胎拆装机等），不允许用大锤敲击或用其他尖锐的用具拆胎。

（6）拆装轮胎时要在清洁、干燥、无油污的地面上进行。

（7）内胎装入外胎前，必须紧固气门嘴，以防漏气，并在外胎内部和垫带上涂上滑石粉。

（8）气门嘴应装在轮辋气门嘴孔中。胎侧有平衡标记（彩色胶片）的，标记应在与气门嘴相对的位置上，以便于平衡。轮辋上有平衡块的，应用动平衡机进行平衡调整。

（9）拆装子午线轮胎应做记号，使安装后的子午线轮胎滚动方向保持不变。

2）轮胎的检查

轮胎的检查主要是检查轮胎的磨损程度和轮胎气压。轮胎磨损程度的检查包括胎面花纹深度的检查和轮胎异常磨损的检查。

轮胎磨损过度、花纹过浅，是行车重要的不安全因素。过度磨损的轮胎除容易爆破外，还会使汽车操纵稳定性变坏。

GB 7258—1997《机动车运行安全技术条件》规定：轿车轮胎胎冠上的花纹磨损至花纹深度小于1.6mm（磨损标志）、载货汽车转向轮胎胎冠上的花纹深度小于3.2mm而其余轮胎胎冠花纹深度小于1.6mm时，应停止使用。

轮胎气压不足，会导致轮胎过热，并会因为轮胎的面积不均匀而产生不均匀磨损或胎肩和胎侧快速磨损，因而会缩短轮胎的使用寿命，同时会增加滚动阻力、加大油耗，而且会影响车辆的操控，严重时甚至会引发交通事故；轮胎气压过高会使车身质量集中在胎面中心上，将导致胎面中心快速磨损，不但会缩短轮胎使用寿命，而且会降低车辆的舒适性。

（1）轮胎气压的检查。

可用气压表进行检查。不同的车辆，轮胎气压的标准值不同，检查时应参照相应车辆的维修手册。斯太尔各车型轮胎气压标准见表5.1。

表 5.1　斯太尔各车型轮胎气压标准　　　　　　　　　　　　　　　　　kPa

轴荷 轮胎规格	（单胎）前桥、前轴、后支承轴			（双胎）后桥		
	6 000	6 500	8 000	10 000	13 000	14 000
11.00R20	794			657		
11.00—20	755			617		
12.00R20	657	725		617		
12.00—20	617	686		588	755	
12.00R24			823		725	
12.00—24			794			

（2）胎面花纹的检查。

轮胎胎冠上的花纹深度可用深度尺进行测量。

（3）轮胎异常磨损的检查

轮胎异常磨损有胎肩磨损、胎面中间磨损、单侧磨损、前束和后束磨损、前端和后端磨损等。

检查轮胎的异常磨损，可以发现故障的早期征兆和原因，以便及时排除影响轮胎使用寿命的不利因素，防止早期磨损和损坏。

3）轮胎常见的故障

轮胎常见的故障是轮胎的异常磨损。

发动机使驱动轴转动，从而带动轮胎旋转，这意味着轮胎属于传动系统的一部分。但轮胎还会根据转向盘的运动，改变车辆的运动方向。因此，轮胎也属于转向系统的一部分。此外，由于轮胎也用于支撑车重及吸收路面振动，所以轮胎还是悬架系统的一部分。

基于上述原因，在进行轮胎的故障诊断排除分析时，一定要记住上述三个系统，即轮胎与车轮、转向、悬架之间的关系。同样重要的是，轮胎的使用和维护不良，也可能导致轮胎本身及相关系统的故障。因此，轮胎故障诊断排除分析的第一步，便是检查轮胎，即其应使用正确、维护恰当。

（1）胎肩磨损

①故障现象。

轮胎的胎肩磨损量明显大于胎面的磨损量，如图5.24（b）所示。

②故障原因。

轮胎气压低于标准值，如图5.24（a）所示。如果轮胎充气压力过低，轮胎的中间便会凹入，将载荷转移到胎肩上，使胎肩的磨损快于胎面中间。

③故障排除。

a. 检查是否超载。

b. 检查充气压力，并视情况调整。

c. 调换轮胎位置。

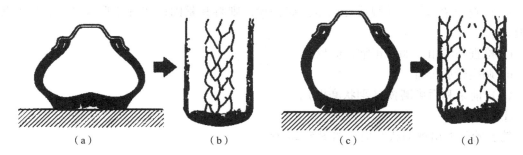

图 5.24 胎肩或胎面的磨损

(a) 充气不足；(b) 胎肩磨损；(c) 充气过量；(d) 胎面中间磨损

（2）胎面中间磨损。

①故障现象。

轮胎胎面中间的磨损量明显大于两侧的磨损量，如图 5.24（d）所示。

②故障原因。

轮胎气压高于标准值，如图 5.24（c）所示。如果充气压力过高，轮胎中间便会凸出，将承受较大的载荷，使轮胎中间磨损快于胎肩。

③故障排除。

a. 检查是否超载。

b. 检查充气压力，并视情况调整。

c. 调换轮胎位置。

（3）内侧或外侧磨损。

①故障现象。

轮胎内侧（或外侧）的磨损量明显大于另一侧的磨损量，如图 5.25 所示。

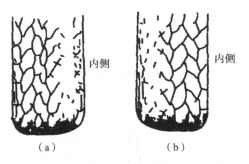

图 5.25 轮胎的内侧或外侧磨损

(a) 内侧磨损；(b) 外侧磨损

②故障原因。

a. 在过高的车速下转弯会造成转弯磨损。转弯时轮胎滑动，便产生了斜形磨损。

b. 悬架部件变形或间隙过大，这会影响车轮定位，造成不正常的磨损。

c. 外倾角不正确。

③故障排除。

a. 询问驾驶员是否常高速转弯，建议其尽量避免。

b. 检查悬架部件,并视情况调整。如松动,则将其紧固;如有变形或磨损,应修理或更换。

c. 检查外倾角。如不正常,应校正。

d. 调换轮胎位置。

(4) 前束和后束磨损(羽状磨损)。

①故障现象。

轮胎胎面上出现羽状磨损,如图5.26所示。

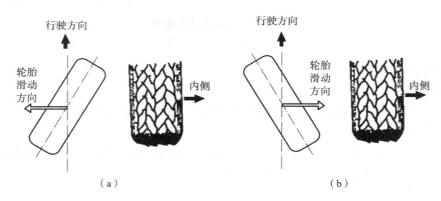

图5.26 前束和后束磨损
(a) 前束磨损;(b) 后束磨损

②故障原因。

前束调整不当。

③故障排除。

a. 检查前束和后束。如不正常,应调整。

b. 调换轮胎位置。

(5) 前端和后端磨损。

①故障现象。

横向花纹轮胎胎面上出现锯齿状局部磨损,纵向折线花纹轮胎胎面上出现波状花纹,如图5.27所示。

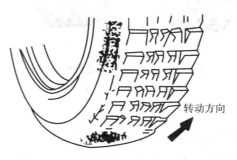

图5.27 前端和后端磨损

②故障原因。

受力不均衡、轮胎气压不当、车轮轴承间隙不当。

a. 前端和后端磨损是一种局部磨损，常常出现在具有横向花纹和区间花纹的轮胎上。胎面上的区间发生斜向磨损（与鞋跟的磨损方式相同），最终变成锯齿状。

如车辆通常在铺面路上行驶，轮胎磨损会较快，这是由于轮胎向上转动并离开铺面路时胎面区间在瞬间打滑所致（由于铺面路很坚硬，当胎面区间试图掘入地面时，道路铺面不凹陷）。因此最后离开路面的胎面区间部分会受到较大的磨损。

b. 具有纵向折线花纹的胎面，磨损时会产生波状花纹。

c. 非驱动轮的轮胎只受制动力的影响，而不受驱动力的影响，因此往往会有前、后端形式的磨损。如反复使用制动器，便会使轮胎因短距离滑动而磨损，前、后端磨损的形式便与这种磨损相似。

d. 另外，如果是驱动轮的轮胎，则驱动力所造成的磨损会在制动力所造成磨损的相反方向出现，所以驱动轮轮胎极少出现前、后端磨损。客车和大货车由于制动时产生了很大的摩擦力，故具有横向花纹的轮胎会出现与非驱动轮相似的前、后端磨损。

③故障排除。

a. 检查充气压力，并视情况调整。
b. 检查轮毂轴承。如有磨损或松动，则应调整或更换。
c. 检查外倾角和前束。如不正常，则应调整。
d. 检查轴颈和悬架部件。如有损坏，则应修理或更换。
e. 调换轮胎位置。

4）轮胎的使用

轮胎在使用时应注意以下几个方面：

（1）在高速行驶时应注意轮胎温度的升高。斜交胎的高速性能低于子午线轮胎，可在高速行驶时停歇数次以降低轮胎的温度。

（2）装防滑链时必须对称装用。

（3）要定时检查轮胎气压，保证内胎气压正常，特别是左、右两个转向轮轮胎气压差别不应太大。

（4）经常检查轮胎螺母拧紧力矩。

（5）装载货物要分布均匀，轮胎不得超负荷使用。

（6）在有石块、尖锐物的地面上行驶时应注意。发现胎侧顺线有裂口应及时修补，如裂口扩展到胎体帘线层时应停止使用。子午线轮胎的横向稳定性差，转向、左右倾斜行驶及车辆重心高时需特别注意。

4. 车轮及轮胎的维护保养

车轮和轮胎的维护应结合车辆的维护强制执行，并应侧重于轮胎的维护。车辆分日常维护、一级维护和二级维护。轮胎维护的分级和周期与车辆维护相同。

1）一级维护轮胎作业项目

（1）紧固轮胎螺母，检查气门嘴是否漏气、气门帽是否齐全，如发现损坏或缺少应立即修理或补齐。

（2）挖出轮胎夹石和花纹中的石子、杂物，如有较深的伤洞应用生胶填塞。特别是子午线胎，刺伤后若不及时修补，水气进入胎体锈蚀钢丝帘线，便会造成早期损坏。

（3）检查轮胎磨损情况，如有不正常磨损或起鼓、变形等现象，应查找原因，予以排除。

（4）如需检查外胎内部，应拆卸解体，如有损伤应及时修补。

（5）检查轮胎搭配和轮辋、挡圈、锁圈是否正常。

（6）检查轮胎（包括备胎）气压，若气压不足，则应按标准补足。

注意：备胎气压应高于使用中轮胎的气压。

厂家一般推荐至少每月或每次长途旅行前检查一次胎压，包括备胎。

（7）检查轮胎有无与其他机件刮碰的现象，备胎架是否完好、紧固，如不符合要求，应予以排除。

（8）必要时（如单边偏磨严重）应进行一次轮胎换位，以保持胎面花纹磨耗均匀。

完成上述作业后应填写维护记录。

2）二级维护轮胎作业项目

除执行一级维护的各项作业外，还应进行下列项目：

（1）拆卸轮胎，按轮胎标准测量胎面花纹磨耗、周长及断面宽的变化，作为换位和搭配的依据。

（2）轮胎解体检查。

①检查胎冠、胎肩、胎侧及胎内有无内伤、脱层、起鼓和变形等现象。

②检查内胎、垫带有无咬伤、褶皱现象，气门嘴、气门芯是否完好。

③检查轮辋、挡圈和锁圈有无变形、锈蚀，并视情况涂漆。

④检查轮辋螺栓孔有无过度磨损或损裂现象。

（3）排除解体检查所发现的故障后，进行装合和充气。

（4）高速车应进行轮胎的动平衡试验。

（5）按规定进行轮胎换位。

（6）发现轮胎有不正常的磨损或损坏，应查明原因，予以排除。

完成上述作业后应填写维护记录。

5. 轮胎维护操作要点

1）充气

（1）轮胎充气应按照该型汽车使用说明书上规定的标准气压执行，并在冷态时用气压表测量；若在热态时测量，应略高于标准气压，取适当的修正值。气压表应定期校准，以保证读数准确。

（2）轮胎装好后，先充入少量空气，待内胎充气伸展后再继续充至要求的气压。

（3）充气前应检查气门芯与气门嘴是否配合平整，并擦净灰尘。充气后应检查是否漏气，并将气门帽装紧。

（4）充入的空气不得含有水分和油雾。

（5）充气时应注意安全防护，充气开始时用手锤轻击锁圈，使其平稳嵌入轮辋圈槽内，以防锁圈跳出。

2）轮胎换位

（1）按时换位可使轮胎磨损均匀，约可延长20%的使用寿命，应结合车辆二级维护定期换位。在路面拱度较大的地区或夏季,轮胎磨损差别较大,可适当增加换位次数。

厂家一般推荐行驶 8 000~10 000km 应将轮胎换位一次。

(2) 轮胎换位方法常用的有交叉换位法、循环换位法和单边换位法,如图 5.28 和图 5.29 所示。

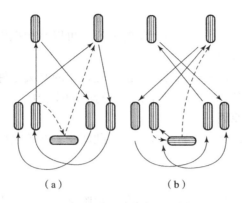

图 5.28 六轮二桥汽车轮胎换位法
(a) 循环换位;(b) 交叉换位

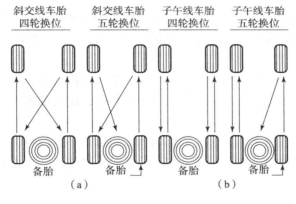

图 5.29 四轮二桥汽车轮胎换位法
(a) 交叉换位;(b) 单边换位

装用普通斜交轮胎的六轮二桥汽车,常用图 5.28 中的交叉换位法,具体做法是:左右两交叉,主胎(后内)换前胎,前胎换帮胎(后外),帮胎换主胎。这样,通过三次换位,每只轮胎即可轮到一次担负内挡(主力)胎。

四轮二桥汽车,斜交轮胎也可采用交叉换位法,如图 5.29(a) 所示。子午线轮胎宜用单边换位法,如图 5.29(b) 所示。

子午线轮胎的旋转方向应始终不变。若反向旋转,会因钢丝帘线反向变形而产生振动,使汽车平顺性变差。所以一些轿车使用手册推荐其使用单边换位法。

(3) 轮胎换位后,应按所换的胎位要求重新调整气压。

(4) 轮胎换位后须做好记录,下次换位仍要按上次选定的换位方法进行。

6. 车轮动平衡

1) 车轮的动不平衡

汽车车轮是高速旋转元件，若质心与旋转中心不重合，则会产生静不平衡。静不平衡时不平衡质量会在车轮旋转时产生离心力，离心力大小与不平衡质量及不平衡点与车轮旋转中心之间的距离和车轮转速有关。

由于车轮具有一定的宽度，因此当车轮质量分布相对于车轮纵向中心面不对称时，会造成车轮动不平衡。

车轮动不平衡时，虽然不平衡质量产生的离心力可以互相抵消，但力矩却不为零。

（1）车轮动不平衡的危害。

车轮动不平衡时，会造成车轮跳动和偏摆，使汽车的有关零件受到损坏，缩短汽车的使用寿命。对于高速行驶的汽车来说，还容易影响行驶的安全性。

（2）车轮动不平衡的原因。

①质量分布不均匀，如轮胎产品质量欠佳、翻新胎、补胎胎面磨损不均匀及在外胎与内胎之间垫带等。

②轮辋、制动鼓变形。

③轮毂与轮辋加工质量不佳，如中心不准、轮胎螺栓孔分布不均、螺栓质量不佳等。

④安装位置不正确，如内胎充气嘴位置不符合安装要求等。

2）车轮动平衡的检验

由于车轮动不平衡对汽车危害很大，因此，必须对车轮的动不平衡进行检测，并进行调平衡工作。由于动平衡的车轮一定处于静平衡状态，因此，只要检测了动平衡就没有必要检测静平衡了。

对车轮进行动平衡检测时，分成离车式检测与就车式检测两种方法。按平衡机转轴的形式不同，可将平衡机分成软式平衡机和硬式平衡机两种；按测量装置不同，车轮动平衡机可分成机械式和电测式两种。

机械式动平衡机是靠平衡锤的相位与倾斜角来测出不平衡器的质量和相位的。电测式则是把车轮不平衡产生的振动变成电信号而显示出来的。目前，电测式车轮动平衡机应用比较广泛。

（1）离车式车轮动平衡机及其使用方法。

利用离车式车轮动平衡机对车轮进行动平衡检测时，需将车轮从车上拆下。图5.30所示为一台电测式硬式二面测定车轮动平衡机。该动平衡机主要由驱动装置、转轴与支撑装置、显示与控制装置、制动装置及防护罩组成。

检测时，输入轮辋直径、轮辋宽度和轮辋边缘到平衡机机箱之间的距离，显示装置即可显示出应该加于轮辋边缘的不平衡量和相位。

车轮动平衡的检查方法如下：

①对被测车轮进行清洗，去掉泥土、砂石，拆掉旧平衡块。

②将轮胎充气至规定气压值。

③将车轮安装于平衡机上。

④打开电源开关，检查指示装置是否指示正确。

⑤键入轮辋直径、宽度，测出轮辋边缘到机箱之间的距离并键入。

⑥放下防护罩，按下启动键，开始测量。

⑦当车轮自动停转后，从指示装置读出车轮内、外动不平衡量和位置。

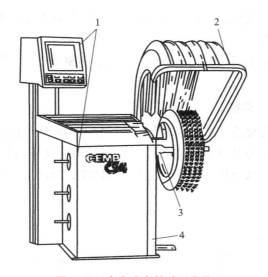

图 5.30 离车式车轮动平衡仪
1—显示与控制装置；2—车轮护罩；3—转轴；4—机箱

⑧用手慢慢旋转车轮，当动平衡机指示装置发出信号时，停止转动车轮。

⑨将动平衡机显示的动不平衡量按内、外位置置于车轮十二点钟的轮辋边缘，并装卡牢固。

⑩重新启动动平衡机，进行动平衡试验，直至动不平衡量<5g，机器显示合格时为止。

（2）就车式车轮动平衡机测量方法。

就车式车轮动平衡机可以在不拆卸车轮的前提下，对汽车进行车轮动平衡和静平衡检测，其主要由驱动装置、测量装置、制动装置、指示与控制装置等组成，结构与测量原理如图5.31所示。

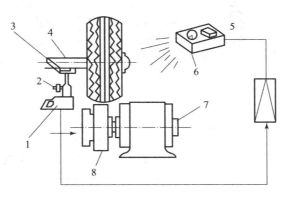

图 5.31 就车式车轮动平衡机结构和检测原理
1—底座；2—可测支杆；3—磁头；4—转向节；5—不平衡度表；6—频闪灯；7—电动机；8—转轮

对车轮进行动平衡检测的方法如下：

首先应对车轮进行清洁，并去掉旧平衡块，将轮胎充气到规定气压，轮毂轴承松紧度合适，支起前桥，使两侧车轮离地间隙相等，然后用粉笔在轮胎任意位置做出标记。

将传感器头吸附在制动底板边缘，并使车轮在规定转速下旋转。

观察轮胎标记位置，在指示装置上读取不平衡量，停转车轮，加装平衡块，再进一步复查，直至合格，测试结束。

测从动轮时，利用动平衡机转轮驱动车轮转动；测驱动轮时，则直接用汽车发动机、传动系来驱动车轮转动。

7. 车轮定位的检查和调整

车轮定位参数的静态检测可利用水准车轮定位仪或四轮定位仪进行，在检测车轮定位之前，应先检查被测车辆，使其满足下列各项条件：轮胎充气压力符合规定值，轮胎尺寸一致；车轮轴承间隙正常；悬架系统的球头销无过大间隙；制动器制动可靠；油液加满，汽车空载。

1）车轮定位的检测

（1）车轮前束的检测。

车轮前束检测点的位置如图5.32（a）所示，一般都在车轮水平中心线的截面上，其高度等于车轮中心的离地高度；其径向位置（见图5.32（a））各汽车制造厂的规定不完全一致，因此检测时应根据说明书的要求，在规定的位置进行测量。若实测时改变了原厂前束检测点的位置，则必须对原厂规定的前束允许值按改变后的检测位置进行换算，否则会出现较大的检测误差。具体换算方法如图5.32（b）所示，其换算后的前束允许值为 E，则：

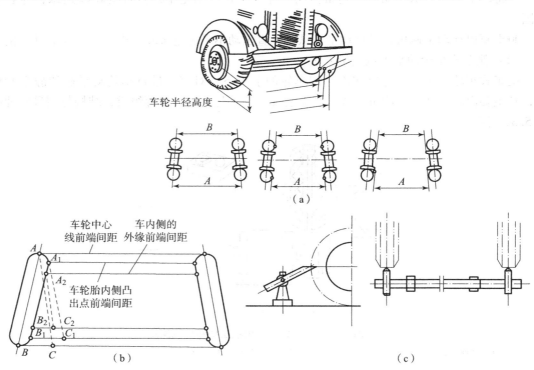

图5.32 车轮前束的检测

（a）检测点位置；（b）测点不同时的换算方法；（c）用指针式前束尺测量车轮前束

A—车轮前端中心线检测点；B—车轮后端中心线检测点；BC—车轮中心线检测时前束值；

A_1—车轮前端胎内侧凸出点检测点；B_1—车轮后端胎内侧凸出点检测点；B_1C_1—车轮胎内侧凸出点检测时前束值；

A_2—车轮轮辋内侧的外缘前端检测点；B_2—车轮轮辋内侧的外缘后端检测点；B_2C_2—车轮轮辋内侧的外缘检测时前束值

$$E = （实测检测点的径向尺寸 \times 原位置前束允许值）/原检测点的径向尺寸$$

车轮前束可用简单实用的检测工具，如前束尺进行测量。当检测点在胎冠中心线位置时，其前束可用图 5.32（c）所示的指针式前束尺检测，该前束尺由一根带套管的尺杆和指针等组成，可以伸缩以适应不同间距的测试。

车轮前束的检测方法：

①将汽车停放在水平坚硬的场地上，并用举升器顶起汽车前桥，使车轮能够自由转动。

②用手平稳地转动车轮，并在轮胎胎冠中心处画出一条中心线。

③将举升器下降使车轮落地，并将汽车向前推动少许，使汽车处于直行状态。

④调整前束尺的两个指针，使之分别指向左、右转向车轮前方的胎冠中心线，且指针尖端距地面高度应等于被测车轮的半径；再调整前束尺的刻度标尺，使之对准"0"位；然后将前束尺移至左、右两转向车轮的后方，调整前束尺的长度，使两指针分别指向转向车轮后方胎冠中心线。此时前束尺标尺上的刻度读数（注意正负）即为被测车轮的前束值。

车轮前束还可以用光学前束测量仪进行测量，但其安装比较复杂，实测时较少采用。

当无专用前束测量工具时，还可用钢卷尺进行测量，一般有"架车法"和"推车法"两种测量方法。"架车法"：将前轮架起离开地面少许，使前轮处于直行位置，用粉笔在轮轴中心线高度的左右轮胎或轮辋边缘画上记号，量出两记号之间距离，然后将左、右车轮转180°，其记号则转至前轴后面，再量出两记号之间距离，其后端间距与前端间距之差即为前束值；"推车法"与"架车法"基本相似，只是将汽车停放于平直路面上，测量完轮胎前端间距后，向前推动汽车再测量轮胎后端间距。

（2）车轮外倾角的检测。

对于车轮外倾角的检测，下面以气泡水准车轮定位仪的检测为例进行说明。该仪器一般由水准仪、支架和转角仪等组成，其可直接测量车轮外倾角。当有外倾角的车轮处于直线行驶位置时，垂直于车轮旋转平面安装的水准仪上用于测外倾角的气泡管也垂直于车轮旋转平面，气泡管与水平面的夹角即为车轮外倾角，如图 5.33 所示。此时，气泡管中的水泡偏移车轮一侧，将气泡管调于水平位置，气泡的位移量或角度调节量即反映了车轮外倾角。

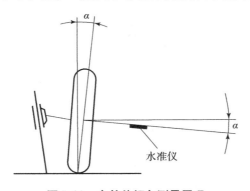

图 5.33　车轮外倾角测量原理

车轮外倾角的检测方法：

①将车轮处于直线行驶位置。

②将水准仪的支架正确地安装在前轮的轮辋上。

③将水准仪上测 α、γ 的插销插入支架的中心孔内，并使水准仪在左、右方向上大致处于水平状态，然后轻轻拧紧锁紧螺钉以固定水准仪，如图 5.34 所示。

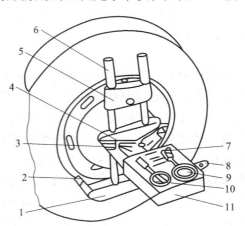

图 5.34　车轮外倾角检测

1—固定支架；2—固定脚；3—调节螺钉；4—调整支座；5—活动支架；6—导航；
7—旋钮；8—定位销；9—γ、β 调节盘；10—α 调节盘；11—水准仪

④转动水准仪上的 α 调节盘，直到对应的气泡管内的气泡处于中间位置为止，此时其 α 调节盘红线所指的角度值即为车轮外倾角。

（3）主销后倾角的检测。

主销后倾角不能由水准仪直接测量，而只能利用转向轮绕主销转动时的几何关系进行间接测量。由于主销后倾，故当转向轮绕主销转动时，其转向节枢轴与水平面之间的夹角就会改变，若在转向轮规定的转角内测出转向节枢轴与水平面夹角的变化量，则可间接测出主销后倾角，其测量原理如图 5.35 所示。

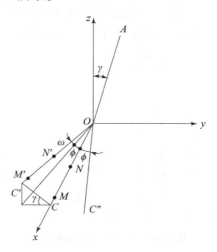

图 5.35　主销后倾角检测

在空间坐标系中，以左前轮为例说明。假定前轮外倾角 α 和主销内倾角 β 均为零，OA 为主销中心线，位于 Oyz 平面内，γ 为主销后倾角，OC 为转向节枢轴，MN 为放置于 OC 上

的气泡管。当车轮处于直线行驶位置时，OC 与 Ox 轴重合；当车轮右转转至规定角度 ϕ 时，则转向节枢轴轴线 OC 转至 OC'，OC 扫过的平面 $OC'C''$ 与水平面的夹角为 γ，OC' 与水平面的夹角为 ω。此时，气泡管由 MN 移至 $M'N'$，气泡管与水平面倾斜的角度也为 ω，气泡管的气泡向 M' 移动，其位移量取决于 ω 角的大小。而 ω 角则取决于前轮转角 ϕ 和主销后倾角。当 ϕ 为一定值时，ω 角与 γ 角一一对应，而气泡管中气泡位移量与 ω 角也一一对应，因而通过对气泡位移量的标定即可反映 γ 值的大小。

实际转向轮具有主销内倾角 β 和转向轮外倾角 ω。为消除转向轮外倾角 ω 对主销后倾角 γ 测试结果的影响，测量时先将转向轮向内（对于左前轮则向左转，对于右前轮则向右转，下同）转动 ϕ 角（通常为 20°），把气泡管调至水平位置，然后向相反方向回转 2ϕ 角。这样由于转向节枢轴 OC 从直线行驶位置分别向外和向内转动相同的角度，因而角 β 在转向轮内外转动时对测量值的影响数值相等、方向相反，并相互抵消。同时，测量时车轮转动 2ϕ 的角度，其气泡位移量则增大了一倍，因而提高了仪器测试的灵敏度和精度。至于前轮外倾角 α，由于其影响甚微，故可以忽略不计。

用水准车轮定位仪检测主销后倾角时，需要与车轮转角仪配合使用。

主销后倾角的检测方法：

①将被测汽车的两前轮分别置于两车轮转角仪上，使主销轴线的延长线基本通过转角仪中心，当车轮处于直线行驶状态时，转角仪的指针应与刻度盘上的"0"刻度对齐；然后将后轮置于与转角仪同高的台架上，以保证各车轮都处于同一水平面。

②将水准仪支架安装在前轮上，并调整支架，使支架中心孔轴线与车轮轴线同轴。

③把水准仪测 α、β 的插销插入支架的中心孔内。

④转动转向盘，使被测前轮向内转 20° 转角，并将被测车轮保持在该位置不动。

⑤调整水准仪，使水准仪在垂直于测 α、γ 插销的方向上处于水平状态，然后拧紧锁紧螺钉予以固定。

⑥转动水准仪上的 γ、β 调节盘，使其上的指示红线与蓝、红、黄刻度盘零线重合。调整对应气泡管的旋钮，使气泡管的气泡处于中间位置。

⑦转动转向盘，使被测前轮回转 40° 的转角，并固定在该位置不动。

⑧重新转动水准仪上的 γ、β 调节盘，直到气泡管的气泡处于中间位置为止。此时，在蓝盘上读出 γ、β 盘红线所指示之值，即为实测的主销后倾角 γ。

（4）主销内倾角的检测。

主销内倾角 β 不能直接测出，而只能利用转向轮绕主销转动时的几何关系进行间接测量。由于主销内倾，因而当转向轮绕主销转动一定角度时，其转向节连同转向轮将会绕转向节枢轴轴线转过一个角度，测出该角度，即可间接测出主销内倾角。其测量原理如图 5.36 所示。在空间坐标系中，以左前轮为例进行说明。

假定前轮外倾角 α 和主销后倾角 γ 为零，则主销中心线 OA 在 Oyz 平面内，OA 与 Oz 的夹角为

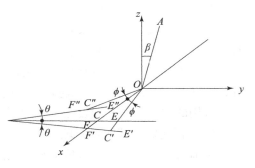

图 5.36　主销内倾角测量原理

主销内倾角。转向轮处于直线行驶位置时，转向节枢轴 OC 与 Ox 轴重合，当转向轮在制动状态向右转过 ϕ 角时，由于主销内倾角 β 的存在，使得转向节枢轴 OC 转至 OC''，形成圆锥面 OCC''。若在转向节枢轴的前部放置一平行于水平面且与 OC 轴线垂直的气泡管 EF，则在转向轮偏转过程中，气泡管 EF 将绕转向节枢轴轴线转动，随着 OC 移至 OC''，则 EF 移至 $E''F''$，此时气泡管与水平面的夹角为 θ，其大小取决于转向轮转角 ϕ 和主销内倾角 β。若 ϕ 为定值，则 θ 角和 β 角具有一一对应关系；由于 β 角的出现导致了气泡管 EF 中气泡的位移，因此通过对气泡位移量的标定即可反映主销内倾角的大小。

为消除主销内倾角对测量值的影响及提高测量的灵敏度和精度，测量时应将转向轮先向内转一定角度 ϕ（通常为20°），再把其水泡调至水平位置，然后向相反方向回转 2ϕ 的角度。用水准车轮定位仪检测主销内倾角时，需要与车轮转角仪配合使用。

主销内倾角的检测方法：
①同主销后倾角检测。
②同主销后倾角检测。
③将水准仪测的插销装在支架中心孔内并予以固定。
④用制动踏板抵压器压下制动踏板，使前轮处于制动状态，以减少测量误差。
⑤转动转向盘，使被测前轮向内转20°转角，并将被测车轮保持在该位置不动。
⑥松开锁紧螺钉，使水准仪在垂直于插销的方向处于水平状态，然后拧紧锁紧螺钉。
⑦转动水准仪上的 γ、β 调节盘，使其上的指示红线与蓝、红、黄刻度盘零线重合。调整对应气泡管的旋钮，使气泡管的气泡处于中间位置。
⑧转动转向盘，使被测前轮回转40°转角，并固定在该位置不动。
⑨重新转动水准仪上的 γ、β 调节盘，直到气泡管的气泡重新处于中间位置。此时，γ、β 调节盘红线在红刻度盘（测右转向轮）或黄刻度盘（测左转向轮）所指示之值即为主销内倾角。

（5）车轮定位检测标准及检测结果分析。

汽车车轮定位值的大小是根据汽车的设计要求确定的，不同的车型其值有所不同。因此，汽车车轮定位的检测标准应是该车技术条件规定的车轮定位参数值。

若车轮定位参数的检测结果不符合检测标准，则说明该车存在着某种故障：或者悬架杆件变形、磨损；或者转向节、车桥、悬架等部件装配不良；或者车轮定位调整不当。此时应查明原因，排除故障，使车轮定位值符合检测标准。

2）四轮定位仪检测

四轮定位仪是专门用来测量车轮定位参数的设备，其尤其适用于不但具有前轮定位而且具有后轮定位的汽车四轮定位参数检测。四轮定位仪可检测的项目包括：车轮前束及前张角、车轮外倾角、主销后倾角、主销内倾角、转向20°时的前张角、推力角和左、右轴距差等，如图5.37所示。尽管四轮定位仪的形式多种多样，但它们的基本测量原理却是一致的，只是采用的测量方法（或使用的传感器类型）及数据记录与传输的方式有所不同。

（1）四轮定位仪测量原理。
①前束、轴距差、推力角检测原理。

为提高测量精度，检测前，依四轮定位仪的类型常通过拉线或光线照射及反射等方式形成一封闭的直角四边形，如图5.38所示。检测时，应将车体摆正并使车轮处于直线行驶位

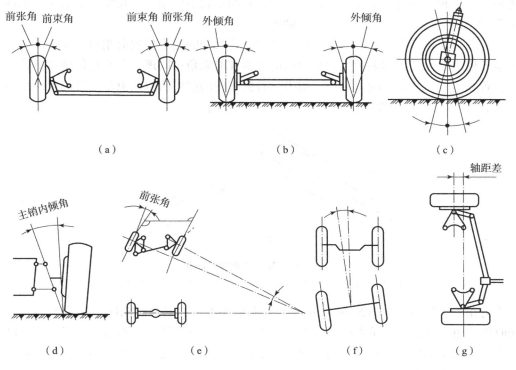

图 5.37　四轮定位仪的检测项目

(a) 车轮前束角和前张角；(b) 车轮外倾角；(c) 主销后倾角；(d) 主销内倾角；
(e) 转向 20°时的前张角；(f) 推力角；(g) 左右轴距差

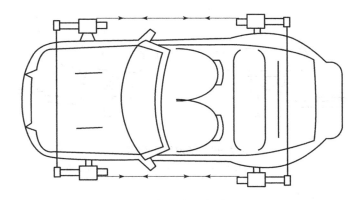

图 5.38　八束光线形成封闭四边形

置，通过安装在车轮上的传感器进行前束、轴距差、推力角的检测。安装在车轮上的传感器有不同的类型，现以光敏晶体管式传感器为例说明其检测原理。

安装在两前轮和两后轮上的光敏晶体管式传感器（又称定位校正头）均有光线的接收和发射（或反射）功能，在传感器的受光平面上等距离地将光敏晶体管排成一排，在不同位置上光敏晶体管接收到光线照射时，其光敏元件产生的电信号即可代表前束值（角）或左右轮轴距差或推力角的大小。

前束为零时，同一轴左、右车轮上传感器发射（或反射）出的光束应重合。当检测出上述两条光束相互平行但不重合时,说明左、右两车轮不同轴,车轮发生了错位,依据光敏晶体管发出的信息可测量出左、右轮的轴距差。

当左、右车轮存在前束时,在右轮传感器上接收到的光束位置会相对于原来的零点位置有一偏差值,该偏差值即表示左侧车轮的前束值或前束角;同理,在左轮传感器上接收到的光束位置相对于原来零点的偏差值,则表示右侧车轮的前束值或前束角。其前束的检测原理如图5.39所示,转向前轮和后轮前束的检测原理相同。

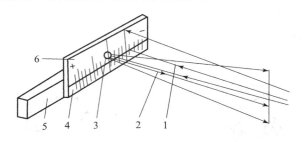

图5.39 前轮前束检测原理

1—接收激光束;2—投射激光束;3—激光器;4—光敏晶体管;5—投射器支臂;6—刻度板

推力角的检测原理如图5.40所示,若推力角δ为零,则前后轴同侧车轮上传感器发射或接收的光束重合;若两条光束出现夹角而不重合,则说明推力角不为零。因此,可以通过安装在汽车前轮上的传感器接收到的同侧后轮传感器所发射光束相对于零点位置的偏差值检测汽车推力角δ的大小。

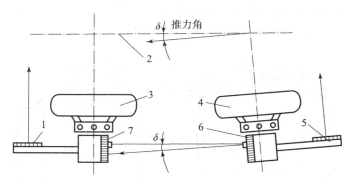

图5.40 推力角检测原理

1,5,6,7—光线接收器;2—汽车纵轴线;3—前轮;4—后轮

②车轮外倾角检测原理。

车轮外倾角可在车轮处于直线行驶位置时直接测得。在四轮定位仪上的传感器(定位校正头)内装有角度测量仪(如电子倾斜仪),把传感器装在车轮上,可直接测出车轮外倾角。

③主销后倾角和主销内倾角检测原理。

主销后倾角和主销内倾角不能直接测出,通常是利用转向轮转动时建立的几何关系进行间接测量。主销后倾角可利用传感器内的角度测量仪,通过转向轮内转一定角度和外转一定角度的两个位置时,测量转向轮平面倾角的变化量来间接测出。

主销内倾角可利用传感器内的角度测量仪,通过转向轮内转一定角度和外转一定角度时的两个位置，测量出转向节枢轴绕其轴线转动的角度来间接测出。

④转向20°时前张角的检测原理。

检测前张角时，使被检车辆转向轮停在转角仪的转盘中心处，车轮处于直线行驶位置，转动转向盘使右转向轮向右转20°后，读取左转向轮下转盘上的刻度值λ_1，则$20°-\lambda_1$即为向右转向20°时的前张角；使左转向轮沿直线行驶方向向左转20°后，读取右转向轮下转盘上的刻度值λ_2，则$20°-\lambda_2$即为向左转向20°时的前张角。

目前，电脑四轮定位仪受到广大用户的青睐。电脑四轮定位仪一般由主机、彩色显示器、操作键盘、高精度传感器、支架、转盘、打印机、遥控器等组成，往往制成可移动式。

这种仪器一般由安装在车轮上的传感器，把车轮与定位角之间的几何关系转变成电信号或光信号，送入电脑分析判断，然后将结果由显示屏显示或由打印机输出。采用电脑四轮定位仪进行车轮定位参数检测，可一次顺序完成前后轮前束、前后轮外倾角、主销内倾角与主销后倾角等多项测量，测试速度快，测量精度高。现代先进的电脑四轮定位仪不仅采用了先进的测量系统和科学的检测方法，而且储存了大量常见车型的四轮定位标准数据，在检测过程中，可随时把实测数据与标准数据进行比较，并通过屏幕用图形和数字显示出需要调整的部位和调整方法，以及在调整过程中实测数值的变化，把复杂的四轮定位检测调整简化成依图操作。为便于检测和调整，被检汽车需放在地沟或举升平台上（下面以汽车放在举升平台上为例讲解），地沟或举升平台应处于水平状态，四轮定位仪部分安装在地沟两旁或举升平台上，如图5.41和图5.42所示。

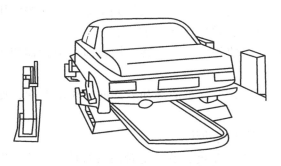
图5.41 定位仪安装在地沟旁

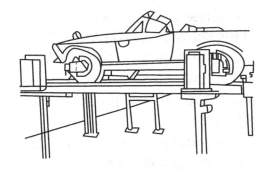
图5.42 定位仪安装在举升台上

（2）对被检车辆的基本要求。

在检测汽车的前轮定位时，被检车辆应满足以下要求：

①前、后轮胎气压及胎面磨损基本一致。

②前、后悬架系统的零部件完好、不松旷。

③转向系统调整适当、不松旷。

④前、后减震器性能良好、不漏油。

⑤汽车前、后高度与标准值相差不大于5mm。

⑥制动系统正常。

（3）注意事项。

①使用前，检查四轮定位仪所配附件是否与使用说明书上列出的清单相符，设备安装时要遵循使用说明书所提出的各项要求。

②对于光学式四轮定位仪中的投影仪（或投光器）应细心维护，并经常进行调整；传感器是电脑式四轮定位仪的重要元件，使用前要进行校正，以保证测试精度。

③传感器应正确地安装在传感器支架上，在不使用时应妥善保管，避免受到损坏；电测类传感器应在接线完毕后再通电，以避免带电接线引起电磁振荡而损坏传感器。

④移动四轮定位仪时，应避免使其受到振动，否则可能使传感器及电脑损坏。

⑤四轮定位仪应半年标定一次，标定时应使用购买时所带专用标定器具，并按规定程序进行标定。

⑥在检测四位定位前，须进行车轮传感器偏摆补偿，否则会引起大的测量误差。

（4）四轮定位的检测方法。

①检测前要做以下准备工作：

a. 把汽车开上举升平台，托起四个车轮，把汽车举升0.5m（第一次举升）。

b. 托起车身适当部位，把汽车举升至车轮能够自由转动（第二次举升）。

c. 拆下各车轮，检查轮胎磨损情况。

d. 检查轮胎气压，不符合标准时应充气或放气。

e. 做车轮的动平衡，动平衡完成后，把车轮装好。

f. 检查车身高度，检查车身四个角的高度和减震器技术状况，如车身不平应先调平；同时检查转向系统和悬架是否松旷，如松旷则应先紧固或更换零件。

②检测步骤如下：

a. 把传感器支架安装在轮辋上，再把传感器（定位校正头）安装到支架上，并按使用说明书的规定调整。开机进入测试程序，输入被检汽车的车型和生产年份。

b. 轮辋变形补偿。转向盘位于直线行驶位置，使每个车轮旋转一周，即可把轮辋变形误差输入电脑。

c. 降下第二次举升的高度，使车轮落到平台上，把汽车前部和后部向下压动5次，使其做压力弹跳。

d. 用制动踏板抵压器压下制动踏板，使汽车处于制动状态。

e. 把转向盘左转至电脑发出"OK"声，输入左转角度；然后把转向盘右转至电脑发出"OK"声，输入右转角度。把转向盘回正，电脑屏幕上显示出后轮的前束及外倾角数值。调正转向盘，并用转向盘锁锁住转向盘使之不能转动。

f. 把安装在四个车轮上定位校正头的水平仪调到水平线上，此时电脑屏幕上显示出转向轮的主销后倾角、主销内倾角、转向轮外倾角和前束的数值。

g. 调整主销后倾角、车轮外倾角及前束，调整方法可按电脑屏幕提示进行。若调整后仍不能解决问题，则应更换相关零部件。

h. 进行第二次压力弹跳，将转向轮左右转动，把车身反复压下后，观察屏幕上的数值有无变化，若数值变化，则应再次调整。

i. 若第二次检查未发现问题，则应将调整时松开的部位紧固。

j. 拆下定位校正头和支架，进行路试，检查四轮定位检测调整效果。

8. 车架的检修

车架是汽车的骨架，在使用过程中，由于承受着很复杂的力，故会产生变形、裂纹、腐蚀和连接松旷等缺陷。车架通常在汽车大修时才进行修理。

1）变形的检修

（1）车架变形检查。

边梁式车架的变形主要是弯曲和扭曲，常用"对角线"法检查。

如图 5.43 所示，以钢板弹簧支座上钢板销承孔的轴线为基准，构成三个矩形框，测量每个矩形框两条对角线的长度差及其位置度误差，从而判断车架在垂直方向和水平方向上的变形。

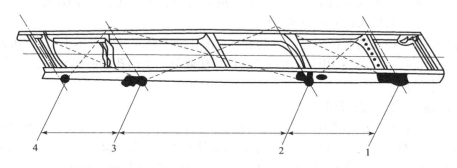

图 5.43 车架变形检查
1—后钢板弹簧后支座；2—后钢板弹簧前支座；3—前钢板弹簧后支座；4—前钢板弹簧前支座

检查前应做好相应的准备，主要有：左、右各钢板弹簧支座上的钢板销孔同轴度误差不大于 2 mm，否则应先校正；纵梁上翼面与腹面的直线度公差为 1000 mm/3 mm，纵梁全长不大于 1‰；车架宽度公差为 -3 ~ +4 mm；纵梁腹面对于上翼面的垂直度公差为腹面高度的 1‰。

对角线检查的技术条件是，常用细钢丝作对角线，并用专用工具牵引拉紧；两对角线长度差不得大于 5 mm，否则说明车架有水平扭曲；两对角线交叉点的位置误差不得大于 2 mm，否则说明车架垂直方向上发生翘曲变形。

（2）车架变形的检修。

车架有变形，应进行校正。校正可采用整体校正和分体校正。校正合格后再进行其他项目的修理。

2）车架裂纹的焊修

车架焊修的具体操作工艺要求如下。

（1）认真清洁除锈，特别要彻底清除裂纹两侧的漆层。

（2）在裂纹两端打止裂孔、开 V 形坡口。

（3）选择适宜的焊条，一般用低氢焊条。

（4）选择适宜的电源和电流，最好是直流电源和大电流。

（5）采用反接法，即主件为阴极、焊条为阳极，以防母材溶解过多。最好是选用多层多道焊，施焊过程中进行锤击以减小应力，并提高焊接质量。在施焊时，若当时当地环境温度低于 0 ℃，则接头周围应预热至 100 ℃，焊后应预热保温一段时间。

3）车架铆钉松动的修理

当车架纵、横梁的铆钉松动后，将影响车架的刚度和弹性。修理时，一般是用砂轮或钻头去掉旧铆钉，使孔径扩大 0.5 ~ 1 mm，换用加粗的铆钉，一般是把铆钉加热，在热态下铆合。铆合后,要求铆接头的飞边不大于3mm,铆接头与板材缝隙不大于0.10mm。

9. 车桥主要零件的检修

1)前轴的检修

前轴的主要缺陷是变形、裂纹及主销孔、钢板弹簧座与定位孔的磨损。损坏的形式不同,修理方法也不同。

(1)前轴磨损的修理。

检查钢板弹簧座平面磨损情况,当平面磨损量大于2mm,定位孔磨损大于1mm时,可采用堆焊后加工恢复原来尺寸或更换新件。

测量主销孔支撑孔的磨损情况,当主销与主销孔的配合间隙轿车不大于0.10mm、载货汽车不大于0.2mm时,可采用镶套法或修理尺寸法修复。主销孔端面的磨损,可采用堆焊,然后进行磨平处理。

(2)前轴变形的检查修理。

大型修理企业常用前轴弯扭检验仪进行检验,用液压校正器进行校正;小型修理企业常用工字形平尺、专用角尺(如图5.44所示)或拉线检查。当图5.44所示中工字形平尺2与前轴1上钢板弹簧座平面之间的间隙a、b过大时,说明前轴弯曲、扭曲量超限;当专用角尺3与芯轴4之间有过大的间隙时,说明主销内倾角不符合要求。

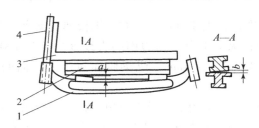

图5.44 角尺检验法

1—前轴;2—工字形平尺;3—专用角尺;4—芯轴

维修时先修复钢板弹簧座定位孔和主销孔的磨损,然后校正变形。校正的方法有冷压校正和局部加热校正(一般应选择冷压校正为佳)。校正次数不宜超过3次。

2)转向节的检修

转向节的主要缺陷是磨损和裂纹。

(1)检测方法如下。

①先对转向节进行裂纹检查(可采用磁力探伤),若有裂纹,则不再修理,更换新件。

②检查有关配合孔、轴颈的磨损情况,用量具测量轴颈与轴承的配合间隙应小于0.04mm(轴颈直径小于40mm)或0.055mm(轴颈直径大于40mm)。

③转向节轴颈锁止螺纹的损伤不得多于2牙,且能用扳手拧入螺母。

④用塞规进行检验,转向节锥面与锥孔接触面积不得小于70%,锥颈的推力端面沉入锥孔的量不得小于2mm。

(2)修理方法如下。

转向节轴轴颈磨损超差,则应更换新件;锁止螺纹磨损松旷,若能用手拧入螺母应更换新件;若转向节上面的锥孔不符合上述要求,应更换新件。

当主销衬套与主销的配合间隙大于 0.1mm 时必须更换衬套，更换时，应在压力机上将衬套压出（因有 0.175～0.086mm 的过盈量），新换的主销衬套应对孔进行镗削加工或选用有导向装置的专用铰刀（也可在通用铰刀上加装导向轴）手工铰削，如图 5.45 所示，以保证上、下轴环孔同轴度公差为 0.02mm。衬套与主销配合间隙一般为 0.06～0.10mm。

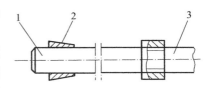

图 5.45　导向轴示意图

1—导向轴；2—定位锥套；3—铰刀

3）轮毂的检修

（1）检查方法。

轮毂的主要缺陷是轴承安装孔磨损、变形及裂纹，应先用锤击法检查轮毂是否有裂纹，再利用量具测量轴承安装孔的磨损、变形情况，轴承孔与轴承的过盈量一般为 0.009mm，轮毂凸缘的圆跳动公差应小于 0.15mm。

（2）修理方法。

轮毂有裂纹应更换新件；轴承孔磨损可采用刷镀或喷焊修理；轮毂变形，应以两轮毂轴承外座圈的锥面为基准，车削接合凸缘，凸缘的圆跳动公差应小于 0.15mm。

学习情境六

汽车行驶跑偏故障的诊断与修复

一、知识要求

1. 汽车行驶系统的功用

详见学习情境五。

2. 汽车行驶系统的类型及组成

轮式行驶系统由车架、车桥、车轮和悬架组成,详见学习情境五。

3. 悬架

1)悬架概述

(1)悬架的组成。

悬架是车架(或车身)与车桥(或车轮)之间一切传力连接装置的总称。现代汽车的悬架虽结构形式各不相同,但一般都由弹性元件、减震器、导向机构等组成,轿车一般还有横向稳定器。悬架的组成如图6.1所示。

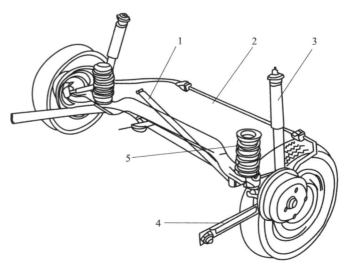

图6.1 悬架的组成

1—横向推力杆;2—横向稳定器;3—减震器;4—纵向推力杆;5—弹性元件(螺旋弹簧)

弹性元件使车架（或车身）与车桥（或车轮）之间做弹性连接，可以缓和由于不平路面带来的冲击，并承受和传递垂直载荷。减震器可以衰减由于路面冲击产生的振动，使振动的振幅迅速减小。

导向机构包括纵向推力杆和横向推力杆，用于传递纵向载荷和横向载荷，并保证车轮相对于车架（或车身）的运动关系。横向稳定器可以防止车身在转向等情况下发生过大的横向倾斜。

（2）悬架的功用。

从悬架的组成可以总结出悬架具有以下功用：

①连接车架（或车身）和车轮，把路面作用到车轮的各种力传给车架（或车身）。

②缓和冲击，衰减振动，使乘坐舒适，具有良好的平顺性。

③保证汽车具有良好的操纵稳定性。

第2、3项功用与弹性元件和减震器的性能有关，具体来说就是与弹性元件的刚度和减震器的阻尼力有关，只有悬架系统软、硬合适才能使车辆乘坐舒适、操纵稳定。

（3）悬架的分类。

如图6.2所示，汽车悬架有非独立悬架和独立悬架两种类型。

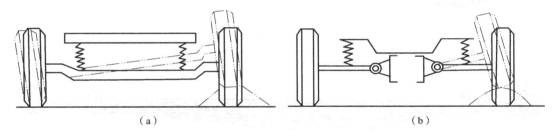

图 6.2 非独立悬架和独立悬架

(a) 非独立悬架；(b) 独立悬架

非独立悬架的结构特点是两侧车轮安装在一根整体式车桥上，车轮和车桥一起通过弹性悬架悬挂在车架（或车身）下面，所以一侧车轮发生位置变化后会导致另一侧车轮的位置也发生变化。独立悬架的两侧车轮分别独立地与车架（或车身）弹性相连，与其配用的车桥为断开式车桥，所以两侧车轮的运动是相对独立、互不影响的。

2）弹性元件

汽车上常用的弹性元件有钢板弹簧、螺旋弹簧、扭杆弹簧和气体弹簧等。

（1）钢板弹簧。

钢板弹簧广泛应用于汽车的非独立悬架中，其构造如图6.3所示。钢板弹簧由若干片长度不等的合金弹簧钢片叠加而成，构成一根近似等强度的弹性梁。最长的一片称为主片，其两端卷成卷耳，内装衬套，以使用弹簧销与固定在车架上的支架或吊耳做铰链连接。

各弹簧片用中心螺栓连接，并保证各片的相对位置。中心螺栓距两端卷耳中心的距离可以是相等的，称为对称式钢板弹簧，如图6.3（a）所示；也可以是不相等的，称为非对称式钢板弹簧，如图6.3（b）所示。

为了防止汽车在行驶过程中各弹簧片分开，在钢板弹簧上装有若干弹簧夹，以免主片独自承载。弹簧夹通过铆钉与最下片弹簧片相连,弹簧夹两边通过螺栓相连,螺栓上有套管,装配时要求螺母朝向轮胎,以免螺栓脱落时刮伤轮胎,甚至飞崩伤人。

钢板弹簧在载荷作用下变形时,各片之间会相对滑动而产生摩擦,这可以衰减车架的振动。但摩擦会加速弹簧片的磨损,所以在装配钢板弹簧时,各片之间要涂抹石墨润滑脂或装塑料垫片以减磨。

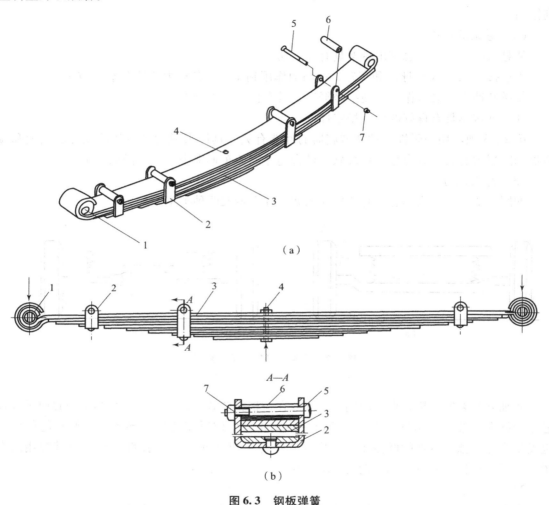

图6.3 钢板弹簧
(a)对称式钢板弹簧;(b)非对称式钢板弹簧
1—卷耳;2—弹簧夹;3—钢板弹簧;4—中心螺栓;5—螺栓;6—套管;7—螺母

(2)螺旋弹簧。

螺旋弹簧广泛应用于独立悬架,有些轿车的后轮非独立悬架也采用螺旋弹簧作弹性元件。由于螺旋弹簧只能承受垂直载荷,且变形时不产生摩擦力,所以悬架中必须装有减震器和导向机构。螺旋弹簧如图6.1所示,它由特殊的弹簧钢棒卷制而成,可以制成圆柱形或圆锥形,也可以制成等螺距或不等螺距。圆柱形等螺距螺旋弹簧的刚度是不变的,圆锥形或不等螺距螺旋弹簧的刚度是可变的。

(3)扭杆弹簧。

扭杆弹簧是由弹簧钢制成的杆件，如图6.4所示。扭杆的断面通常为圆形，少数为矩形或管形，其两端制成花键、方形、六角形等形状，以便一端固定在车架上，另一端固定在悬架的摆臂上。摆臂与车轮相连，当车轮跳动时，摆臂绕扭杆轴线摆动，使扭杆产生扭转弹性变形，以保证车轮与车架的弹性联系。

（4）气体弹簧。

气体弹簧分为空气弹簧（见图6.5）和油气弹簧（见图6.6）两种。空气弹簧又有囊式（见图6.5（a））和膜式（见图6.5（b））两种形式。

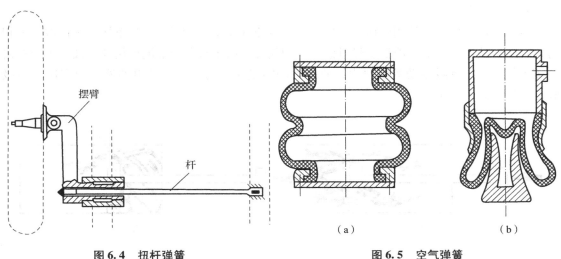

图6.4 扭杆弹簧

图6.5 空气弹簧
（a）囊式空气弹簧；（b）膜式空气弹簧

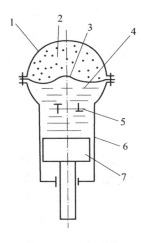

图6.6 油气弹簧
1—球形室；2—气体；3—隔膜；4—油液；5—阻尼阀；6—工作缸；7—活塞

空气弹簧的结构、原理都很简单，下面仅介绍油气弹簧的结构和原理。如图6.6所示，油气弹簧的球形室固定在工作缸上，室的内腔用橡胶油气隔膜隔开，充入高压氮气的一侧为气室，与工作缸相通并充满油液的一侧为油室。工作缸内装有活塞、阻尼阀及其阀座。

当载荷增加且车架与车桥相互靠近时，活塞上移，使工作缸内容积减小、油压升高，油液顶开阻尼阀进入球形室，推动隔膜向气室方向移动，使气室容积减少、氮气压力升高、油气弹簧的刚度增大。当载荷减小时，在高压氮气的作用下隔膜向油室方向移动，室内油液经阻尼阀流回工作缸，推动活塞下移，这时气室容积增大、氮气压力下降、弹簧刚度减小。当氮气压力通过油液传递作用在活塞上的力与载荷平衡时，活塞便停止移动。随着载荷的变化，气室内氮气也随之变化，相应地活塞处于工作缸中的不同位置。可见，油气弹簧具有变刚度的特性。

3）减震器

目前，汽车中广泛使用液压减震器，其基本原理如图6.7所示，当车架与车桥做往复相对运动时，减震器中的油液反复经过活塞上的阀孔，由于阀孔的节流作用及油液分子间的内摩擦力便形成了衰减振动的阻尼力，使振动的能量转变为热能，并由油液和减震器壳体吸收，然后散到大气中。

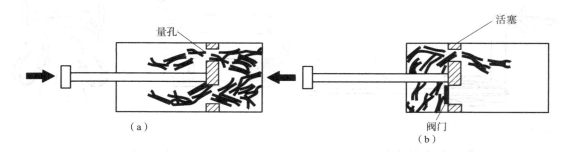

图6.7 液压减震器的基本原理
（a）压缩行程；（b）伸张行程

阀门越大，阻尼力越小；反之亦然。相对运动速度越大，阻尼力越大；反之亦然。

阻尼力越大，振动的衰减越快，但悬架弹性元件的缓冲效果不能发挥，乘坐也不舒适，因此，弹性元件的刚度与减震器的阻尼力要合理搭配，才能保证乘坐舒适性和操纵稳定性的要求。

目前汽车上应用最广泛的是双向作用筒式减震器。近年来，在高级轿车上有的采用了充气式减震器。

（1）双向作用筒式减震器。

双向作用筒式减震器的基本组成如图6.8所示，它有三个同心钢筒，外面的钢筒是防尘罩，其上部的吊耳与车架相连；中间是储油缸筒，内装一定量的油液，其下端的吊耳与车桥相连；里面是工作缸筒，其内装满油液。它还有四个阀，即压缩阀、伸张阀、流通阀和补偿阀。流通阀和补偿阀是一般的单向阀，其弹簧很弱，当阀上的油压作用力与弹簧弹力同向时，阀处于关闭状态，完全不通油液；而当油压作用力与弹簧弹力反向时，只要很小的油压，阀便能开启。压缩阀和伸张阀是卸载阀，其弹簧较强，预紧力较大，只有当油压增高到一定程度时，阀才能开启；而当油压减低到一定程度时，阀即自行关闭。

双向作用筒式减震器的工作原理可用压缩和伸张两个行程加以说明。

① 压缩行程。

当车桥移近车架（或车身）时，减震器受压缩，活塞下移，使其下方腔室容积减小，油压升高，具有一定压力的油液顶开流通阀进入活塞上方腔室。由于活塞杆占去了上腔室的部分容积，使上腔室增加的容积小于下腔室减小的容积，因此，还有一部分油液不能进入上腔室而只能压开压缩阀流回储油缸筒。油液流经上述阀孔时，受到一定的节流阻力，为克服这种阻力而消耗了振动能量，因而使振动衰减。

②伸张行程。

当车桥相对远离车架（或车身）时，减震器受拉伸，活塞上移，使其上腔室油压升高，上腔室的油液便推开伸张阀流入下腔室。同样由于活塞杆的存在，上腔室减小的容积小于下腔室增加的容积，因而从上腔室流出来的油液不足以充满下腔室所增加的容积，使下腔室产生一定的真空度，这时储油缸筒中的油液在真空度作用下推开补偿阀而流进下腔室进行补充。

由上可知，这种减震器在压缩、伸张两个行程都能起减振作用，因此称为双向作用减震器。

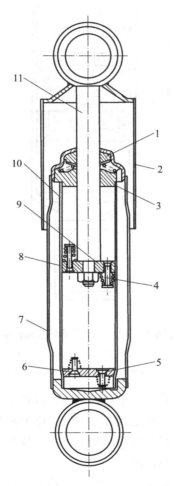

图 6.8　双向作用筒式减震器的基本组成

1—油封；2—防尘罩；3—导向座；4—流通阀；5—补偿阀；6—压缩阀；
7—储油缸筒；8—伸张阀；9—活塞；10—工作缸筒；11—活塞杆

（2）充气式减震器，如图 6.9 所示。

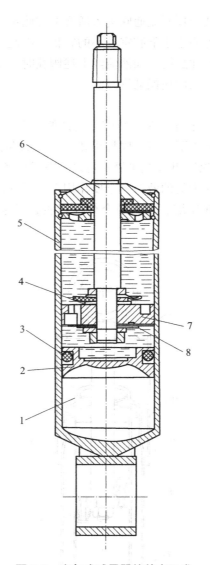

图 6.9 充气式减震器的基本组成

1—密封气室；2—浮动活塞；3—O形密封圈；4—压缩阀；
5—工作缸；6—活塞杆；7—工作活塞；8—伸张阀

其结构特点是在缸筒的下部装有一个浮动活塞，高压的氮气充在浮动活塞与缸筒一端形成的密闭气室里。在浮动活塞的上面是减震器油液，O形密封圈把油和气完全分开，故此活塞也称封气活塞。在工作活塞上装有压缩阀和伸张阀，这两个阀都是由一组厚度相同、直径不等、由大到小排列的弹簧钢片组成的。

当车轮上下跳动时，工作活塞在油液中做往复运动，使工作活塞的上、下腔室之间产生油压差，压力油便推开压缩阀或伸张阀而来回流动。由于阀孔会对压力油产生较大的阻尼力，因而使振动衰减。

4. 典型悬架系统

1) 非独立悬架

非独立悬架广泛应用于货车的前、后悬架和轿车的后悬架。按照采用的弹性元件不同，非独立悬架可以分为钢板弹簧式非独立悬架和螺旋弹簧式非独立悬架。

（1）钢板弹簧式非独立悬架。

这种悬架的钢板弹簧一般为纵向布置，所以也称为纵置板弹簧式非独立悬架。

图 6.10 所示为解放 CA1092 汽车的前悬架。钢板弹簧中部通过 U 形螺栓（骑马螺栓）固定在前桥上。钢板弹簧的前端卷耳用弹簧销与前支架相连，形成固定式铰链支点，起传力和导向作用；而后端卷耳则用吊耳销与可在车架上摆动的吊耳相连，形成摆动式铰链支点，从而保证了弹簧变形时两卷耳中心线间的距离有改变的可能。

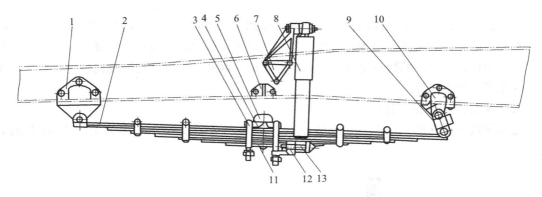

图 6.10　解放 CA1092 汽车的前悬架

1—钢板弹簧前支架；2—前钢板弹簧；3—U 形螺栓（骑马螺栓）；4—盖板；5—缓冲块；6—限位块；
7—减震器上支架；8—减震器；9—吊耳；10—吊耳支架；11—中心螺栓；
12—减震器下支架；13—减震器连接销

减震器的上、下两个吊环通过橡胶衬套和连接销分别与车架的上支架和车桥的下支架相连接。盖板上装有橡胶缓冲块，以限制弹簧的最大变形，并防止弹簧直接碰撞车架。

图 6.11 所示为某中型货车后悬架，它由主、副钢板弹簧叠合而成，其刚度是可变的，以适应不同的装载质量。

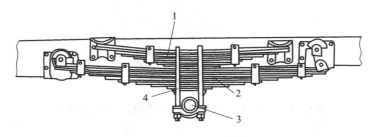

图 6.11　变刚度钢板弹簧悬架

1—副钢板弹簧；2—主钢板弹簧；3—车桥；4—U 形螺栓（骑马螺栓）

当汽车空载或实际装载质量不大时，副钢板弹簧不承受载荷而由主钢板弹簧单独工作。在重载或满载情况下，车架相对于车桥下移，使车架上副簧滑板式支座与副簧接触，主、副簧共同参加工作，一起承受载荷而使悬架刚度增大，以保证车身振动频率不致因载荷增大而变化过大。

南京依维柯轻型货车的后悬架采用渐变刚度的钢板弹簧悬架，如图 6.12 所示。主簧由五片较薄钢板弹簧片组成,副簧由五片较厚的弹簧片组成,它们用中心螺栓固定在一起,主簧在上、副簧在下。

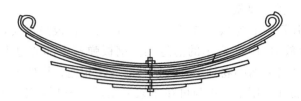

图 6.12　渐变刚度钢板弹簧悬架

在小载荷时,仅主簧起作用,而当载荷增加到一定值时,副簧开始与主簧接触,悬架刚度随之相应提高,弹簧特性变为非线性。当副簧全部接触后,弹簧特性又变为线性的。这种渐变刚度钢板弹簧悬架的特点是副簧逐渐地起作用,因此悬架刚度的变化比较平稳,从而改善了汽车行驶的平顺性。

(2) 螺旋弹簧非独立悬架。

螺旋弹簧非独立悬架一般只用于轿车的后悬架。图 6.13 所示为上海桑塔纳 2000 的后悬架。

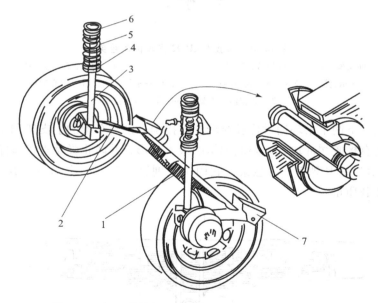

图 6.13　螺旋弹簧非独立悬架（桑塔纳 2000 后悬架）
1—后桥；2—纵向推力杆；3—减震器；4—弹簧下座；5—螺旋弹簧；6—弹簧座；7—支撑座

两根纵向推力杆的中部与后桥焊接为一体,前端通过带橡胶的支撑座与车身做铰链连接,后端与轮毂相连接。纵向推力杆用以传递纵向力及其力矩。整个后桥、纵向推力杆及车轮可以绕支撑座的铰支点连线相对于车身做上、下纵向摆动。螺旋弹簧的上端装在弹簧上座中,下端则支撑于减震器外壳弹簧的下座中,它只承受垂直力。减震器的上端与弹簧上座一起装在车身底部的悬架支座中,下端则与纵向推力杆相连接。

2) 独立悬架

现代汽车,特别是轿车上广泛采用独立悬架。由于独立悬架能使两侧车轮各自独立地与车架或车身弹性连接，因而具有以下优点：

（1）由于左右车轮的运动相对独立、互不影响，故可以减少行驶时车架或车身的振动，同时可以减弱转向轮的偏摆。

（2）独立悬架的非簧载质量小，可以减小来自路面的冲击和振动，提高了行驶的平顺性。簧载质量是指汽车上由弹性元件支撑的质量；而非簧载质量是指弹性元件下吊挂的质量。对于非独立悬架，整个车桥和车轮都属于非簧载质量；而对于独立悬架，只有部分车桥是非簧载质量，而主减速器、差速器、壳体等都装在车架或车身上，则成了簧载质量，所以独立悬架的非簧载质量要比非独立悬架的小。

（3）独立悬架是与断开式车桥配用的，它可以降低汽车的重心，提高了汽车行驶的平顺性。

独立悬架的结构类型很多，一般可按车轮的运动方式分为横臂式独立悬架、纵臂式独立悬架和车轮沿主销移动的独立悬架三类，如图6.14所示。

横臂式独立悬架，车轮在汽车横向平面内摆动的悬架，如图6.14（a）所示。

纵臂式独立悬架，车轮在汽车纵向平面内摆动的悬架，如图6.14（b）所示。

车轮沿主销移动的独立悬架，包括烛式悬架和麦弗逊式悬架，分别如图6.14（c）和图6.14（d）所示。

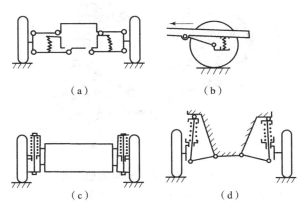

图6.14　独立悬架的类型示意图
（a）横臂式独立悬架；（b）纵臂式独立悬架；（c）烛式悬架；（d）麦弗逊式悬架

①横臂式独立悬架。

横臂式独立悬架分为单横臂式（见图6.2（b））和双横臂式两种。目前单横臂式独立悬架应用较少，下面仅介绍双横臂式独立悬架。

双横臂式独立悬架如图6.15所示，其两个横摆臂有等长（见图6.15（a））和不等长（见图6.15（b））两种。对于摆臂等长的独立悬架，当车轮上下跳动时，虽然车轮平面不倾斜、主销轴线的方向也不发生变化，但轮距却发生较大的变化，这将引起车轮的侧滑和轮胎的磨损。而摆臂不等长的独立悬架当车轮上下跳动时，虽然车轮平面、主销轴线、轮距都发生变化，但都可以控制在允许范围内，所以这种形式的双横臂式独立悬架应用较多，红旗CA7560、雷克萨斯LS400等轿车的前桥都采用这种不等长双横臂式独立悬架。

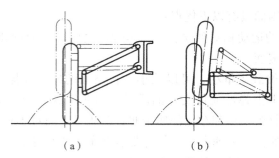

图 6.15 双横臂式独立悬架示意图

(a) 摆臂等长的独立悬架；(b) 摆臂不等长的独立悬架

图 6.16 所示为雷克萨斯 LS400 的前悬架，其车轮外倾角和主销后倾角是可以调整的。如图 6.17 所示，上摆臂内端通过上摆臂轴用螺栓与车架相连，上摆臂轴与车架之间夹有前、后调整垫片。同时增加或减少调整垫片的厚度可以调整车轮外倾角；前、后垫片厚度一处增加而另一处减少，可以调整主销后倾角。

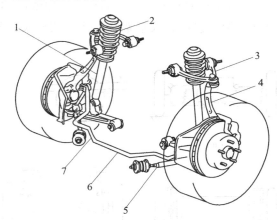

图 6.16 雷克萨斯 LS400 的前悬架

1—减震器；2—螺旋弹簧；3—上摆臂；4—转向节；5—支撑杆；6—稳定杆；7—下摆臂

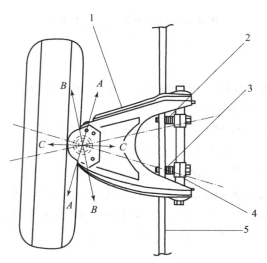

图 6.17 雷克萨斯 LS400 的前悬架车轮外倾角和主销后倾角的调整

1—上摆臂；2—前调整垫片；3—后调整垫片；4—上摆臂轴；5—车架

②纵臂式独立悬架。

纵臂式独立悬架也分为单纵臂式和双纵臂式两种。

a. 单纵臂式独立悬架。

单纵臂式独立悬架如果用于前轮,车轮上下跳动时会使主销后倾角变化很大,如图 6.18 所示。所以单纵臂式独立悬架都用于后轮,如图 6.19 所示。纵摆臂是一片宽而薄的钢板,一端与半轴套管铰接,另一端带有套筒,套筒通过花键与扭杆弹簧的外端相连,扭杆的内端固定在车架上。

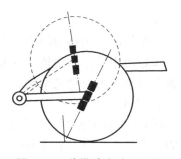

图 6.18　单纵臂式独立悬架

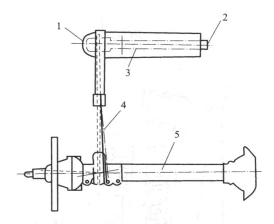

图 6.19　用于后轮的单纵臂式独立悬架

1,3—套筒；2—扭杆弹簧；4—纵摆臂；5—半轴套管

b. 双纵臂式独立悬架。

图 6.20 所示为用于前轮的双纵臂式独立悬架。转向节和两个纵摆臂做铰链连接,在车架的两根管式横梁的内部装有由若干层矩形断面薄弹簧钢片叠成的扭杆弹簧。两根扭杆弹簧的内端用螺栓固定在横梁中部,而外端则插入纵臂轴的矩形孔中。纵臂轴用衬套支撑在管式横梁内,轴和纵臂刚性连接。

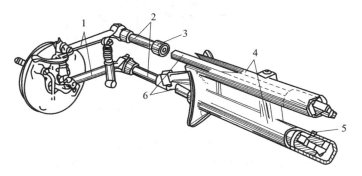

图 6.20　用于前轮的双纵臂式独立悬架

1—纵臂；2—纵臂轴；3—衬套；4—横梁；5—螺钉；6—扭杆弹簧

这种悬架当车轮上下跳动时,车轮外倾角、轮距和主销后倾角都不发生变化,所以适用

于前轮。

③车轮沿主销移动的独立悬架。

车轮沿主销移动的独立悬架可以分为两种形式：一种是车轮沿固定不动的主销移动的烛式独立悬架；另一种是车轮沿摆动的主销轴线移动的麦弗逊式独立悬架。

a. 烛式独立悬架。

图 6.21 所示为烛式独立悬架，主销的上下两端刚性地固定在车架上。套在主销上的套管固定在转向节上。套管的中部固定装着螺旋弹簧的下支座。筒式减震器的下端与转向节相连，上端与车架相连。悬架的摩擦部分套着防尘罩。通气管与防尘罩内腔相通，以免罩中空气被密封而影响悬架的弹性。

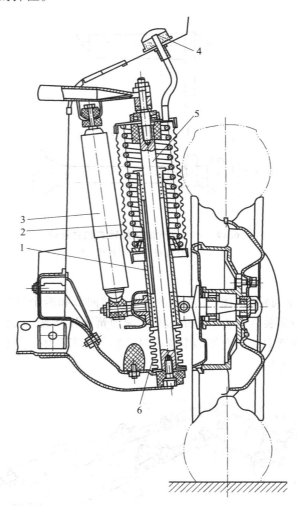

图 6.21　烛式独立悬架
1—套筒；2，6—防尘罩；3—减震器；4—通气管；5—主销

汽车在不平路面上行驶时，车轮、转向节一起沿主销的轴线移动。螺旋弹簧只承受垂直载荷，而车轮上所受的纵向力、侧向力及其力矩则由转向节、套筒经主销传给车架，使得套筒与主销之间的磨损严重。

b. 麦弗逊式独立悬架。

麦弗逊式独立悬架目前在轿车中应用很广泛，其结构如图 6.22 所示，它由减震器、螺旋弹簧、横摆臂、横向稳定杆（图 6.22 中未画出）等组成。减震器与套在它外面的螺旋弹簧合为一体，构成悬架的弹性支柱，支柱上端与车身挠性连接，支柱下端与转向节刚性连接。横摆臂的外端通过球头销与转向节的下部连接，内端与车身铰接。

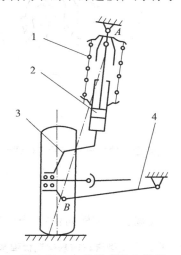

图 6.22 麦弗逊式独立悬架
1—螺旋弹簧；2—减震器；3—转向节；4—横摆臂

麦弗逊式独立悬架没有传统的主销实体，转向轴线为上下铰接中心的连线 AB（一般与弹性支柱的轴线重合）。当车轮上下跳动时，B 点随横摆臂摆动，因而主销轴线 AB 随之摆动（弹性支柱也摆动），即车轮沿着摆动的主销轴线而运动。

麦弗逊式独立悬架结构较简单、布置紧凑，用于前悬架时能增大两前轮内侧的空间，故多用于发动机前置前轮驱动的轿车上。

前轮采用麦弗逊式独立悬架时，前轮定位各参数的变化较小，除前束可调整外，其他参数有的车型规定不可调整，有的车型则规定可以调整。常见的调整部位及调整方法如下：

● 改变转向节与横摆臂外端的位置。如图 6.23（a）所示，松开转向节球头销与横摆臂的连接螺栓，左、右横向移动球头销及转向节，可以改变车轮外倾角。上海桑塔纳轿车即采用这种结构形式。

● 改变弹性支柱上支座的位置。如图 6.23（a）所示，悬架的弹性支柱上支座用螺栓固定在车身上，松开螺栓，左、右横向移动上支座，可以调整车轮外倾角。一汽奥迪 100 型轿车即采用这种结构形式。

● 改变转向节上端的位置。如图 6.23（b）所示，由减震器和螺旋弹簧组成的弹性支柱下端通过上、下两个螺栓与转向节上端固定，其中上螺栓经偏心凸轮将两者连接在一起。转动上螺栓可使偏心凸轮转动，从而带动转向节上端左、右横向（A 向）移动，进而改变车轮外倾角。丰田花冠轿车即采用这种结构形式。

5. 斯太尔重型汽车的悬架

1）前悬架

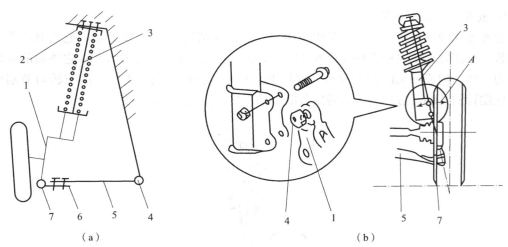

图 6.23 麦弗逊式独立悬架前轮定位调整示意图

1—转向节；2—上支座；3—减震器；4—偏心轴销；5—横摆臂；6—螺栓；7—球头销

(1) 结构形式。

前悬架主要由前钢板弹簧、筒式减震器和横向稳定器组成。其钢板弹簧参数见表 6.1。

表 6.1 斯太尔重型汽车前悬架钢板弹簧参数

		片数/片	9
前悬架	钢板弹簧	片宽/mm	90
		片厚/mm	13
	卷耳中心距/mm		1880

前钢板弹簧为抛物线纵置板簧，由 9 片递变的钢板组成。钢板由中心螺栓固定成一体，并用 U 形螺栓安装固定于前轴。前卷耳与车架的连接则是通过支架销和前支架形成了固定铰链支点；后卷耳与车架的连接是通过吊耳销、吊耳和吊耳支架达成的，可实现自由摆动。这就保证了两卷耳中心线距离能随钢板弹簧的变形而改变，如图 6.24 所示。

(2) 结构特点。

前钢板弹簧长而软，刚度最大为 $333.3 \times 10^3 \text{N} \cdot \text{m}$，刚度最小仅为 $156.8 \times 10^3 \text{N} \cdot \text{m}$，这样既减少了悬架的固有频率，又降低了弹簧应力，并且提高了弹簧强度。在挠度相同的条件下，由于采用了较长的板簧，故可使钢板弹簧两卷耳间的距离和主销后倾角在车轮上下跳动时的变化较小，从而使汽车平顺性得到改善。

该车前钢板的另一特征是：满载时，前钢板普遍反弓 10~30mm。设计理论指出，反弓可以增加钢板弹簧的静挠度，降低固有频率，以提高车辆的舒适性。而两边弧度不相等主要是从两边载荷不相等来考虑的（一般载荷相差 150kg 左右）。

为了衰减汽车在行驶中的振动，提高行驶的平顺性，加装了减震器。其减震器为筒式减震器，在悬架中和钢板弹簧并联安装。

斯太尔系列前钢板弹簧的垂直刚度比较低，这将导致车辆侧稳定性不足，为此悬架系统中装有横向稳定杆。横向稳定杆以其自身侧倾时所形成的扭转内力矩来阻止悬架的弹性变

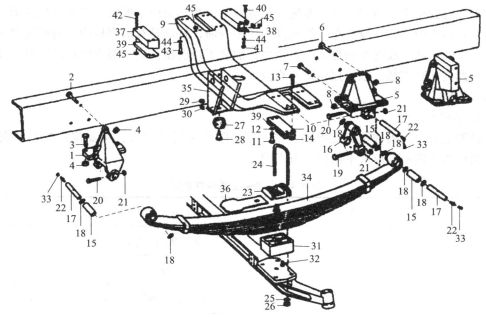

图 6.24 前悬架

1—前钢板弹簧前支架；2，3，6，7，11，13，19，20，40，41，42，43—螺栓；4，8，14，21，26，29，45—自锁螺母；5—前钢板弹簧后支架；9—盆形横梁；10—支板；12，25，30，44—垫圈；15—吊耳衬套；16—钢板吊耳；17—弹簧销轴；18—垫圈；22—黄油嘴；23—前钢板弹簧压板；24—U 形螺栓（骑马螺栓）；27—限位块；28—紧固件；31—弹簧座；32—定位销；33—黄油嘴保护帽；34—前钢板；35—缓冲块支架；36—弹簧盖板；37，38，39—盆形支架底座部件

形，减少了车辆的侧倾和侧向角振动，从而提高了车辆的行驶稳定性。图 6.25 所示为驱动前桥减震器和稳定杆。

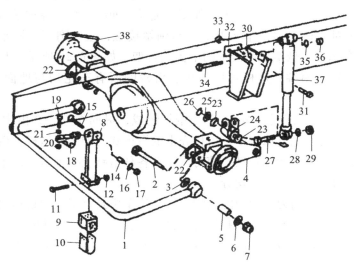

图 6.25 驱动前轿减震器和稳定杆

1—稳定杆；2，15—稳定杆支架螺栓；3，6—垫圈；4—右固定支板；5—支架杆螺栓衬套；7，12，17，20，26，29，33，36—螺母；8—稳定杆支架；9—橡胶套；10—橡胶套护板；11，19，31—螺栓；14—稳定杆支架上螺栓衬套；16，21，25，28，35—平垫圈；18—稳定杆支架座；22—稳定杆固定座；23—O 形垫圈；24—连接叉；27—减震器下支撑螺栓；30—减震器支架；32—连接板；34—减震器上支撑螺栓；37—减震器

汽车在行驶中由于道路不平和车速变化等原因，车辆会产生振动，弹簧变形量增大，这样就会缩短钢板弹簧、车身、车架等机件的使用寿命，特别是对前钢板弹簧的损害更大。为了衰减汽车的振动，改善车辆行驶的平顺性，加装了减震器。减震器为筒式减震器，在悬架中与钢板弹簧并联安装，以使振动迅速衰减。

2）后悬架

（1）结构型式。

后悬架主要由钢板弹簧、支撑轴、推力杆和限位装置等组成，主要构件参数见表6.2。后悬架结构依车辆驱动形式不同而有所不同。

表6.2　后悬架主要构件参数

	车型	4×2	6×4
前悬架	钢板弹簧　片数/片	主簧9，副簧5	12
	钢板弹簧　片宽/mm	100	88
	钢板弹簧　片厚/mm	主簧15，副簧13	20
	跨/mm		1 800
	卷耳中心距/mm		1 773
	承载点距/mm		1 350

（2）结构特点。

对于4×2驱动形式的车辆，其后钢板弹簧采用抛物线主、副簧式常规结构，主簧9片，副簧5片。当汽车装载较轻时，由主钢板弹簧单独承载而副钢板不参加承载；当重载或满载时，车架受载而相对车桥下移，车架上支座与副簧接触，主、副簧共同承载。对于6×4、6×6驱动形式的车辆，后悬架采用传统的平衡式悬架，如图6.26所示。其中，后桥装于一平衡杆（钢板弹簧）的两端，这样可以使中、后桥的所有车轮均与地面始终保持良好的接触。

6×4驱动形式车辆后钢板弹簧由12片钢板组成，纵向布置，并由中心螺栓固定成一体，反向放置，两端自由地支撑于中、后桥壳上的滑板式支架内。这样，后钢板弹簧就成为一平衡杆，可以围绕悬架支承轴转动，使得汽车在各种道路上行驶时全部车轮与地面均可接触，且可使垂直载荷在各车轮上平均分配。

为了保证车桥与车架间力和力矩的正常传递，使车桥具有正确的运动轨迹，在中、后桥上装设了推力杆（每个车桥有一根上推力杆和两根下推力杆），如图6.27所示。

为了限制后钢板弹簧的最大变形量，后悬架设有限位装置，该装置由限位块和两根限位钢绳组成。

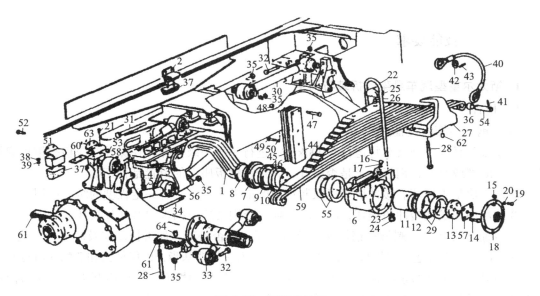

图 6.26 平衡式悬架

1—平衡轴总成；2—缓冲块支架；3，4，14，16，19，28，31，32，34，47，49，52—螺栓；5，15，24，35，38，48，50，53—螺母；6—平衡轴壳；7—轴承油封盖；8，9，17—密封圈；10—轴密封环；11—间隔衬；12—定位垫圈；13—轴承压板；18—壳盖；20，23，39，42—垫圈；21—螺钉；22—后簧U形螺栓（骑马螺栓）；25—U形螺栓（骑马螺栓）座；26—钢板弹簧定位销；27—钢板弹簧座；29，55—推力轴承；30，33—推力杆；36—锥形轴套；37—缓冲块；40—限位钢绳；41，43—钢丝绳固定销；44—滑轨；45，46—平衡板；51—缓冲块支架；54—连接销；56—推力杆支架；57—挡板；58—后桥限位块总成；59—后钢板弹簧；60—连接板；61—右下推力杆支架；62，64—钢板弹簧座定位销；63—U形夹

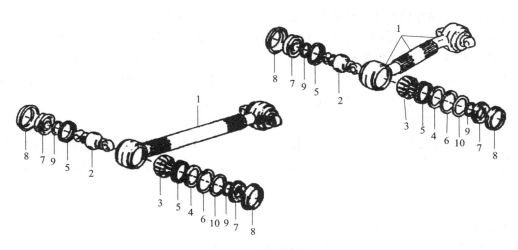

图 6.27 推力杆

1—推力杆；2—双颈球头销；3—球座；4—锁紧螺环；5—压环；6—弹簧挡圈；7—密封皮碗；8—固定环；9—钢丝挡圈；10—隔片

二、技能要求

1. 斯太尔重型汽车悬架的拆装与调整

1）检查

（1）钢板弹簧的检查。

①斯太尔系列重型汽车每运行5 000km需进行一次一级保养，在保养时应检查钢板弹簧叶片是否断裂或错开，钢板夹子是否松开，弹簧在钢板座上的位置是否正确。

②缓冲块是否损坏。缓冲块用以限制钢板的最大变形，并有一定程度的缓冲作用。

③使用中如发现缓冲块损坏，应及时更换，否则会造成钢板弹簧叶片损坏。

④检查U形螺栓、螺母和钢板支架及吊耳固定是否松动，如果松动应及时进行更换。

⑤每次一级保养还要向钢板销上的润滑油嘴注入三号锂基脂，以保证销和套的润滑良好。

U形螺栓、螺母的紧度有一定要求，过紧会导致螺栓塑性变形，产生断裂；过松易使螺母松动及钢板弹簧叶片互相错开。U形螺栓、螺母的拧紧力矩如下：

a. 前钢板弹簧U形螺栓、螺母的拧紧力矩为260N·m。

b. 单后桥钢板弹簧U形螺栓、螺母的拧紧力矩为470N·m。

c. 中后桥钢板弹簧U形螺栓、螺母的拧紧力矩为490N·m。

（2）平衡悬架装置的检查。

①经常检查平衡悬架轴支架和车架连接情况，如果有松动应及时拧紧；检查钢板弹簧U形螺母有无松动，若有松动应拧紧。

②每次一级保养均应检查平衡悬架轴轴承座内的润滑油情况，不足的应予以添加；每次二级保养均应检查平衡轴承的紧固情况。

③每次一级保养检查推力杆球头的紧固情况，如松动应紧固。

④每次二级保养应拆卸推力杆球头并进行润滑，对损坏的衬垫应更换、修理。

⑤推力杆变形，球头磨损应及时更换，防止由于推力杆损坏造成中、后桥移动。

⑥对经常超载运行的车辆，应增加检查次数，特别是检查平衡轴承毂的紧固情况，对损坏的油封应及时更换，不能向平衡轴承座内添加润滑脂。

2）减震器的拆装

斯太尔系列重型汽车减震器装在前轮左右两侧，为液力双作用筒式减震器。通过减震器的拉伸和压缩，液体分别经复原阀和压缩阀及相应的节流系产生阻尼力，从而使车辆的振动迅速衰减。

（1）减震器使用、保养的注意事项：

①非必要情况下不要拆卸、更换阀门零件。

②一般情况只更换油封即可，如果更换零件，最好换新油。

③更换减震器中心杆时应更换油封。

④减震器应加入专用减振液，减振液可用克拉玛依油厂生产的减24号减振液，也可以用50%的汽轮机油和50%的变压器油兑制，或者用13号锭子油（机械油）代替。

（2）减震器失效或损坏，将影响车辆行驶的平顺性，缩短机件的使用寿命，应加强检查和保养。减震器的检查保养应注意以下几点：

①车辆在较坏路面上行驶一段距离后，停车，用手摸减震器，如果不热，表明减震器没有阻力，不起减振作用；如果一高一低，相差较大，说明温度低的阻力小、缺油或机件损坏，应拆卸修理。

②如果车辆在行驶中出现不正常的连续振动，应停车检查是否有漏油痕迹，如漏油应修理并加油。

③每次二级保养检查减震器工作情况的方法为：将减震器直立，下端连接环卡于台虎钳上，用力拉减震器几次，此时应有稳定阻力，往上拉的阻力应大于向下压的阻力；如果阻力不稳或无阻力，即说明减震器出现故障，应拆检。

3）钢板弹簧的拆装

为了延长钢板弹簧的使用寿命，钢板弹簧在拆卸和装配时应注意以下几点：

（1）钢板弹簧在装配时应将表面锈蚀除净，在各片中间涂上石墨钙基脂。这种润滑脂能保证钢板弹簧各片之间的平滑性，提高耐压性。

（2）如果钢板弹簧中心螺栓断裂，需自己加工其中心螺栓，则其直径应不小于钢板中心孔直径 1.5mm。如果中心螺栓的直径偏小，则可能被钢板弹簧切断。

（3）钢板卡子的固定铆钉如果有松动，应重新铆好，卡子的宽度应适当，与钢板两侧应有 0.7~1.0mm 的间隙。卡子套管和钢板弹簧顶面距离应为 1~2mm，以保证钢板弹簧的自由伸张。目前不少工厂生产的钢板卡子已去掉套管改为焊接，其和钢板顶面的距离也应为 1~2mm。

（4）钢板弹簧装配后，各片之间紧密相连，允许邻接的两片不大于总接触长度的 1/4，即不大于 1.5mm 的间隙。若总接触长度过小，则钢板弹簧叶片有折断的危险。

（5）前钢板弹簧装车时，钢板第一、二片的卷耳和钢板支架的配合间隙不得小于 1mm，间隙过大可加装垫圈进行调整。间隙过大时，侧摆差冲击大，钢板卷耳处易于折断。

（6）钢板弹簧的 U 形螺栓应均匀地交叉并按规定力矩拧紧，紧固以后螺栓应露出螺纹 3 扣以上，如果螺纹不露出螺母，则螺母有滑扣的可能。

2. 斯太尔重型汽车悬架的故障诊断

1）钢板弹簧折断

钢板弹簧折断，尤其是主片折断，会因弹力不足等原因使车身歪斜。前钢板弹簧一侧主片折断时，车身会在横向平面内倾斜；后钢板弹簧一侧主片折断时，车身会在纵向平面内倾斜。

2）钢板弹簧弹力过小或刚度不一致

当某一侧的钢板弹簧由于疲劳导致弹力下降，或者更换的钢板弹簧与原弹簧刚度不一致时，会使车身倾斜。

3）钢板弹簧销、衬套和吊耳磨损过量

此时，会出现以下故障现象：

（1）车身倾斜（不严重）；

（2）行驶跑偏；

（3）汽车行驶摆振；

（4）异响。

4）U形螺栓松动或折断

此时，由于车辆移位倾斜，会导致汽车跑偏。

5）悬架异响或振动

（1）故障现象：汽车行驶时，在悬架与车轴处发出异常响动和振动声。

（2）故障原因分析：

①悬架系统：部件松动、润滑不良、橡胶衬套疲劳损坏、减震器功能不良。

②车轴系统：部件安装松动、球铰磨损、润滑不良、驱动轴弯曲或龟裂、车轮轴承磨损。

6）车身倾斜

（1）故障现象：行车过程及转弯时容易出现侧倾；制动时容易出现栽头；加速时容易出现后部下挫。

（2）故障原因：

①钢板弹簧折断，尤其是主片折断，会因弹力不足使车身歪斜。前钢板弹簧一侧主片折断时，车身会在横向平面内倾斜；后钢板弹簧一侧主片折断时，车身会在纵向平面内倾斜。

②钢板弹簧弹力过小或刚度不一致，或更换的钢板弹簧与原弹簧刚度不一致时，会使车身倾斜。

③钢板弹簧销、衬套或吊耳磨损过量，会使车身倾斜（不严重）。

7）行驶不稳定

（1）故障现象：高速时行驶稳定性差，不平坦道路上行驶时的乘坐舒适性差（颠动、上下跳震）。

（2）故障原因：稳定杆变形，上下摆臂变形，各铰接点磨损、松旷。

8）独立悬架总成常见故障

独立悬架总成主要由螺旋弹簧，上、下摆臂，横向稳定杆及减震器等组成，其铰接点较多。

（1）现象。

①异响，尤其在不平路面上转弯时；

②车身倾斜，汽车在转弯时车身过度倾斜等；

③前轮定位参数改变；

④轮胎异常磨损；

⑤车辆摆振及行驶不稳。

（2）原因。

①螺旋弹簧弹力不足；

②稳定杆变形；

③上、下摆臂变形；

④各铰接点磨损、松旷。

当汽车产生上述现象时，应对悬架系统进行仔细检查，即可发现故障部位及原因。

9）减震器的常见故障

减震器的常见故障为衬套磨损或泄漏。衬套磨损后，因松旷易产生响声。减震器轻微的泄漏是允许的，但泄漏过多会使减震器失去减振作用。

3. 斯太尔重型汽车悬架的检修

1）悬架拆装与调整

（1）准备工作。

工具、零件盘准备。

（2）拆卸分解步骤。

①旋下轮毂锁紧螺帽。

②旋下车轮紧固螺母，拆下车轮。

③拆卸制动钳架螺栓，卸下制动钳总成。

④分解制动摩擦片及保持弹簧。

⑤拆卸制动盘，卸下球形接头螺栓。

⑥拆卸防溅盘。

⑦拆卸横拉杆接头螺栓，拆下横拉杆。

⑧拧下减震器活塞杆固定螺母，卸下前悬架。

⑨用专用工具拆卸螺旋弹簧。

⑩拆下辅助橡胶弹簧、缓冲块及波形管。

（3）检查步骤。

①检查摩擦片厚度及保持弹簧情况。

②检查制动盘厚度。

③检查轮缸活塞及防尘罩。

④检查导向销滑移状况。

⑤检查减震器漏油、弯曲状况。

⑥检查螺旋弹簧有无裂纹损伤。

⑦检查减震器阻尼状况。

⑧检查缓冲块、波纹管。

⑨检视前悬架表面裂纹变形。

⑩检查推力轴承磨损状况。

⑪检查球形接头磨损状况。

⑫检查车轮轴承完好状况。

（4）悬架总成的安装、调整部位及调整方法。

①安装缓冲块、波纹管。

②安装辅助橡胶弹簧。

③安装螺旋弹簧、紧固活塞杆螺母。

④安装前悬架、紧固开槽螺母。

⑤安装下摆臂球形紧固螺母。

⑥安装横拉杆接头螺母。

⑦安装防溅盘。

⑧安装制动盘固定螺栓。

⑨安装摩擦片及保持弹簧。
⑩安装制动钳总成和紧固螺栓。
⑪安装车轮，锁紧紧固螺栓。
⑫拧紧轮毂，锁紧螺母。

三、知识拓展

1）麦弗逊式独立悬架的拆装与调整（以桑塔纳2000前悬架为例）

（1）麦弗逊式独立悬架的拆卸，如图6.28所示。

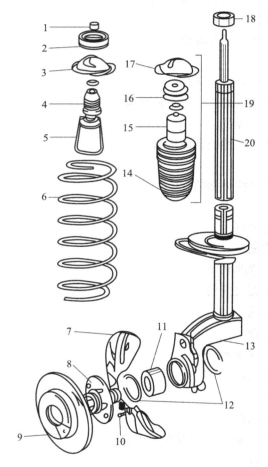

图6.28 桑塔纳2000前悬架总成零件分解图

1—开槽螺母；2—悬架支撑轴轴承；3—弹簧护圈；4，15—限位缓冲器；5—护套；6—螺旋弹簧；7—挡泥板；8—轮毂；9—制动盘；10—紧固螺栓（拧紧力矩10N·m）；11—车轮轴承；12—卡簧；13—车轮轴承壳；14—辅助橡胶弹簧；16—波纹管道；17—弹簧护圈；18—螺母盖；19—M103号选装件；20—减震器

①取下车轮装饰罩。
②旋下轮毂与传动轴的紧固螺母（拧紧力矩230N·m），如图6.29所示。

图6.29 旋下轮毂与传动轴的紧固螺母

③卸下垫圈,拧松车轮紧固螺母(拧紧力矩110N·m),拆下车轮。
④旋下制动钳紧固螺栓(拧紧力矩70N·m),如图6.30所示,取下制动盘。

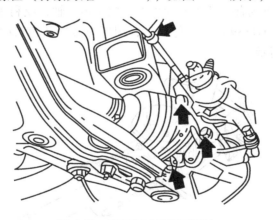

图6.30 旋下制动钳紧固螺栓

⑤取下制动软管支架,并用铁丝将制动钳固定在车身上。
注意:不能损坏制动软管。
⑥拆下球头销紧固螺栓。
⑦压下转向横拉杆接头,如图6.31所示。

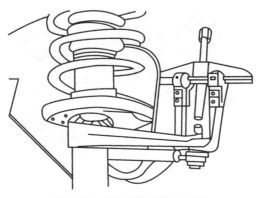

图6.31 压下转向横拉杆接头

⑧拆下横向稳定器的紧固螺栓,如图6.32所示。

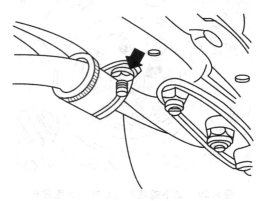

图6.32 拆下横向稳定器的紧固螺栓

⑨拆下传动轴与轮毂的固定螺母。

⑩向下撅压前悬架下摇臂,从车轮轴承壳中拉出传动轴;或利用两个固定车轮凸缘上的螺孔,将压力装置V.A.G1389固定在轮毂上,用压力装置从轮毂中拉出传动轴,然后卸下压力装置,如图6.33所示。

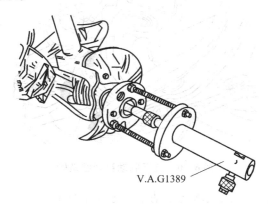

图6.33 用压力装置从轮毂中托出传动轴

⑪取下盖子。支撑减震器支柱下部或沿反方向固定,旋下活塞杆螺母,如图6.34所示,用内六角扳手阻止活塞杆的转动。

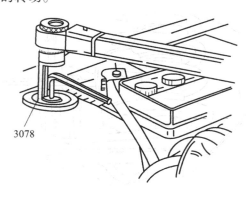

图6.34 旋出活塞杆螺母

（2）麦弗逊式独立悬架的安装。

其安装顺序与拆卸顺序相反，注意事项如下：

①不合格的零件应更换，不允许对前悬架总成进行焊接或整形处理。

②按规定螺栓力矩拧紧所有螺母和螺栓。

③所有自锁螺母必须更换新件。

（3）麦弗逊式独立悬架的调整。

麦弗逊式独立悬架常见的调整部位及调整方法：

①改变转向节与横摆臂外端的位置。松开转向节球头销与横摆臂的连接螺栓，左、右横向移动球头销及转向节，可以改变车轮外倾角。桑塔纳2000采用这种结构，如图6.35（a）所示。

②改变弹性支柱上支座的位置。悬架的弹性上支座用螺栓固定在车身上，松开螺栓，左、右横向移动上支座，可以调整车轮外倾角，如图6.35（a）所示。一汽奥迪100型轿车即采用这种结构形式。

③改变转向节上端的位置，如图6.35（b）所示。由减震器和螺旋弹簧组成的弹性支柱下端通过上、下两个螺栓与转向节上端固定，其中上螺栓经偏心凸轮将两者连接在一起。转动上螺栓可使偏心凸轮转动，从而带动转向节上端左右横向（A向）移动，进而改变车轮外倾角。丰田花冠采用这种结构形式。

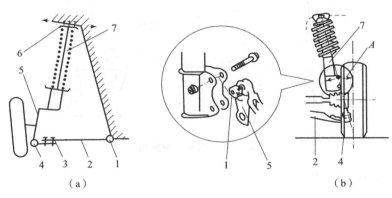

图6.35 麦弗逊式独立悬架前轮定位调整示意图

1—转向节；2—上支座；3—减震器；4—偏心轴销；5—横摆臂；6—螺栓；7—球头销

（4）麦弗逊式独立悬架的检修。

①减震器的检查和更换。

在车辆行驶中，如减震器发出异常的响声，则说明减震器已损坏，必须更换。一般减震器是不进行修理的，如果有很小的渗油现象出现不必更换，出现漏油较多时可以通过拉伸或压缩减震器来检查漏油现象。漏出的减震器油不能再加入减震器中重新使用，漏油的减震器不能再使用。

减震器的更换方法如下：

a. 用拉具压住弹簧座圈，压缩压紧弹簧，如图6.36所示。如果没有专用工具V.A.G1403，则可用专用工具VW340代替。

b. 松开开槽螺母，放松弹簧，可以用扳手A阻止活塞杆的转动，以便松开螺母，如图6.37所示。

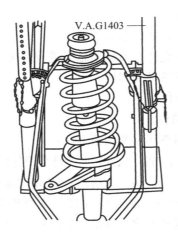

图 6.36 用拉具压缩压紧弹簧

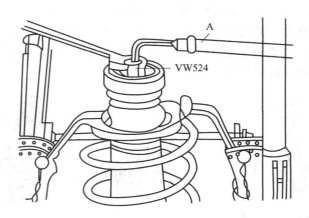

图 6.37 松开开槽螺母

c. 拆卸减震器，如图 6.38 所示。

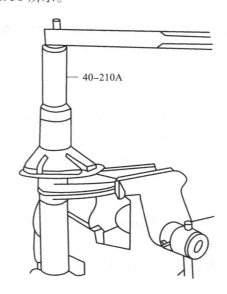

图 6.38 拆卸减震器

d. 按照与拆卸相反的顺序安装减震器。

②前悬架支柱总成的检修。

a. 拆卸。拆下制动盘，拆下挡泥板，压出轮毂，如图 6.39 所示。

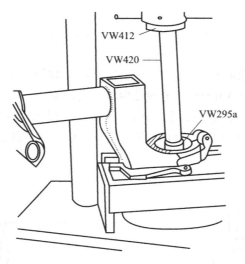

图 6.39　压出轮毂

压出轮毂时，车轮轴承有可能被损坏。

拆下两侧弹簧挡圈，压出车轮轴承，如图 6.40 所示。

拉出轴承内圈，如图 6.41 所示。

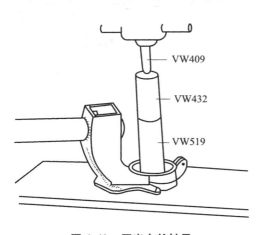

图 6.40　压出车轮轴承

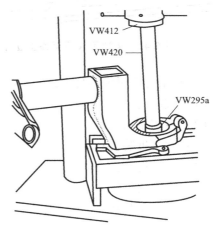

图 6.41　拉出轴承内圈

b. 检查。在零件全部解体后，应进行清洗、检查，必要时进行测量，出现以下情况时必须更换新件：

- 制动盘工作面严重磨损超出规定或表面出现裂纹。
- 挡泥板严重扭曲变形。
- 轮毂花键松旷、磨损严重。
- 弹簧挡圈失效。

- 车轮轴承损坏（需要更换整套轴承）。
- 前悬架支柱件任何一条焊缝出现裂纹或严重变形。

c. 安装及调整。先装外弹簧挡圈，在车轮轴承座涂润滑脂，然后压入轴承，压至极限位置，最后装内弹簧挡圈，如图 6.42 所示。

调整内、外弹簧挡圈开口的位置，使其相差 180°，然后转动轴承内圈，观察其是否正常。

在轮毂花键和轴承颈涂润滑脂，然后压入轴承内，如图 6.43 所示。

压入轮毂时，专用工具 VW519 只能顶住内轴承的内圈。

用 3 个 M6 螺栓固定挡泥板（拧紧力矩 10N·m），使其紧贴在车轮轴承的凸缘上。

用非纤维材料擦净制动盘工作表面，不能有油污。装上制动盘，紧贴在轮毂的结合面上。

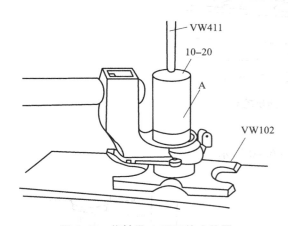

图 6.42 将轴承 A 压至终止位置

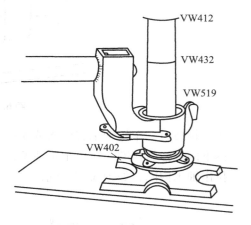

图 6.43 压入轮毂

2）常用的检测仪器与工具

（1）液压机。
（2）专用扭力扳手。
（3）弹簧拆装夹具。
（4）球铰拆装拉力器。
（5）四轮定位仪。
（6）悬架实验台。

学习情境七
车身高度失去控制故障的诊断与修复

一、知识要求

1. 电子控制悬架系统的组成与工作原理

1) 基本组成

电子控制悬架系统由感应汽车运行状况的各种传感器、开关、电子控制单元及执行机构等组成。

（1）传感器。

一般有车高传感器、车速传感器、加速度传感器、转向盘转角传感器和节气门位置传感器等。

（2）开关。

有模式选择开关、制动灯开关、停车开关和车门开关等。

（3）执行机构。

有可调节阻尼系数的减震器、可调节弹簧高度和弹性大小的弹性元件等。

（4）悬架 ECU。

悬架 ECU 是电子控制悬架系统的控制中心。

2) 工作原理

传感器（包括开关）对汽车行驶时路面的状况和车身的状态进行检测，将信号输入 ECU 进行处理，ECU 通过驱动电路控制悬架系统的执行器动作，完成悬架特性参数的调整，其工作原理如图 7.1 所示。

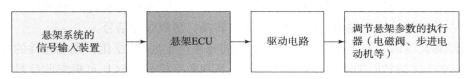

图 7.1　电子控制悬架系统的工作原理

2. 传感器的结构与工作原理

1) 转向盘转角传感器

转向盘转角传感器用于检测转向盘的中间位置、转动方向、转动角度和转动速度。

在电控悬架中，ECU 根据转角传感器和车速传感器的信号，判断汽车转向时侧向力的大小和方向，以控制车身的侧倾。

转角传感器多采用光电式。图 7.2 所示为丰田汽车电控悬架（TEMS）上应用的光电式转角传感器的安装位置和结构，图 7.3 所示为其工作原理。

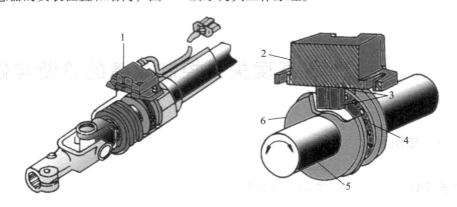

图 7.2　丰田 TEMS 光电式转角传感器的安装位置和结构

1，2—光电耦合器电路装置；3—光电元件；4—遮光盘；5—转向轴；6—传感器壳体

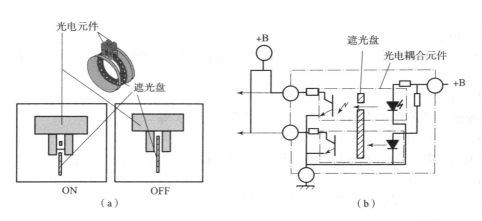

图 7.3　光电式转角传感器的工作原理图

在转向盘的转向轴上装有一个遮光盘（带窄缝的圆盘），传感器的光电元件（即发光二极管）和光敏接收元件（光敏三极管）互相正对地装在遮光盘两侧。由于遮光盘上的窄缝呈等距均匀分布，当转向盘的转轴带动圆盘偏转时，窄缝圆盘将扫过光电元件中间的空气隙，从而在传感器的输出端即可进行 ON、OFF 转换，形成脉冲信号。

当转动转向盘时，遮光盘使光电元件之间的光束产生通/断变化，光电元件的这种反复开/关状态将产生与转向轴转角成一定比例的一系列数字信号，ECU 可根据此信号的变化来判断转向盘的转角与转速。同时，传感器在结构上采用两组光电耦合器，可根据检测到的脉冲信号的相位差来判断转向盘的偏转方向。这是因为两对光电耦合器在安装时使其 ON、OFF 变换的相位错开 90°，通过判断哪对光电耦合器首先转变为 ON 状态，即可检测出转向轴的偏转方向。例如，向左转时，左侧光电耦合器总是先于右侧光电耦合器达到 ON 状态；而向右转时，右侧光电耦合器总是先于左侧光电耦合器达到 ON 状态。

2）加速度传感器

当车轮打滑时，不能以转向角和汽车车速正确判断车身侧向力的大小。为了直接测出车身横向加速度和纵向加速度，需利用加速度传感器。

横向加速度传感器主要用于检测汽车转向时因离心力的作用而产生的横向加速度，并将产生的电信号输送给 ECU，使电子控制单元能正确控制悬架系统阻尼系数改变的大小及空气弹簧中空气压力的调节情况，以维持车身的最佳姿势。

加速度传感器常用的有差动变压器式和钢球位移式两种，还有半导体加速度传感器。

钢球位移式加速度传感器结构如图 7.4 所示。

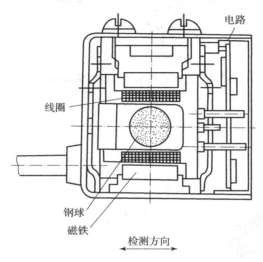

图 7.4　钢球位移式加速度传感器结构

汽车转弯行驶时，钢球在汽车横向力的作用下产生位移，而钢球位置的变化会造成线圈的输出电压发生变化。所以悬架系统电子控制装置根据加速度传感器输入的信号即可正确判断汽车横向力的大小，从而实现对汽车车身姿势的控制。

3）车身高度传感器

车身高度传感器的作用是检测汽车行驶时车身高度的变化情况（汽车悬架的位移量），并转换成电信号输送给悬架系统的 ECU。图 7.5 所示为车身高度传感器的安装位置。车身高度传感器固定在车架上，传感器轴的外端装有导杆，导杆的另一端通过一连杆与独立悬架的下摆臂连接。

在主动悬架系统中，要对车身高度进行检测与调节，一般只需在悬架上安装 3 个车身高度传感器即可，位置在左、右前轮和后桥中部。如果传感器多于 3 个，则会出现调整干涉现象。

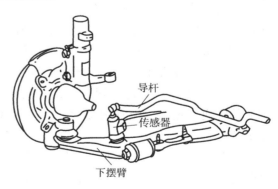

图 7.5　车身高度传感器的安装位置

车身高度传感器常用的有片簧开关式、霍尔集成电路式和光电式 3 种。片簧开关式、霍尔集成电路式均是接触式车身高度传感器，在使用过程中存在磨损而影响检测精度和灵敏度的缺点，其应用受到一定限制。光电式高度传感器属于非接触式高度传感器，它有效地克服了接触式高度传感器的缺点，因此现代轿车越来越多地采用了光电式高度传感器。

光电式高度传感器的结构解剖图如图7.6所示。

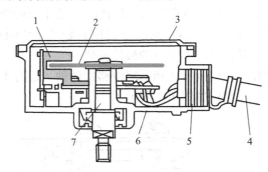

图7.6　光电式高度传感器的结构解剖图

1—光电元件；2—遮光盘；3，6—壳体；4—信号线；5—金属油封；7—传感器轴

光电式高度传感器的工作原理如图7.7所示。

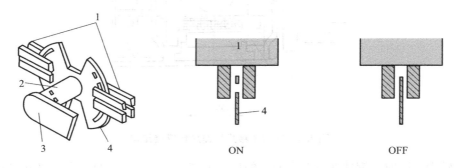

图7.7　光电式高度传感器的工作原理

1—光电元件；2—传感器轴；3—导杆；4—遮光盘

在传感器上，有一根靠连杆带动转动的转轴，转轴上固定一个开有许多窄槽的圆盘，圆盘两边是由发光二极管和光敏三极管组成的光电耦合器。每一个光电耦合器共由四组发光二极管和光敏三极管组成。一般情况下，传感器中有两个光电耦合器组。

当车身高度发生变化时，导杆将随悬架摆臂的上下移动而摆动，从而通过传感器转轴驱动遮光盘转动，使光电耦合器组相对应的发光二极管和光敏三极管上的光线产生ON/OFF的转换。光敏三极管把接收到的光线ON/OFF转换成电信号，并通过导线输送给悬架ECU。

ECU根据每一个光电耦合器上每组发光二极管和光敏三极管ON/OFF转换的不同组合，判断遮光盘转过的角度，从而计算出悬架高度的变化情况。

4）节气门位置传感器

悬架控制系统是利用节气门位置传感器信号来判断汽车是否在进行急加速的。节气门位置传感器先将信号输入发动机ECU，然后发动机ECU再将此信号输入悬架ECU。

5）车速传感器

车速是汽车悬架系统常用的控制信号，汽车车身的侧倾程度取决于车速和汽车转向半径的大小。通过对车速的检测，可调节电控悬架的阻尼系数，从而改善汽车行驶的安全性。

常用的车速传感器的类型有舌簧开关式、磁阻元件式、磁脉冲式和光电式。一般情况下，舌簧开关式和光电式车速传感器安装在汽车仪表板上，与车速表装在一起，并用软轴与变速器的输出轴相连；而磁阻元件式和磁脉冲式车速传感器装在变速器上，通过蜗杆蜗轮机构与变速器的输出轴相连。

6）模式选择开关

模式选择开关位于变速器操纵手柄旁，驾驶员根据汽车的行驶状况和路面情况选择悬架的运行模式，从而决定减震器的阻尼系数大小。

驾驶员通过操纵模式选择开关，可使悬架系统工作在四种运行模式：自动（Auto）、标准（Normal）；自动（Auto）、运动（Sport）；手动（Manual）、标准（Normal）；手动（Manual）、运动（Sport）。

当选择自动模式时，悬架系统可以根据汽车行驶状态自动调节减震器的阻尼系数，以保证汽车的乘坐舒适性和操纵稳定性。当选择手动模式时，悬架系统的阻尼系数只有标准（中等）和运动（硬）两种状态的转换。

3. 悬架电子控制单元（ECU）

悬架 ECU 是一台小型专用计算机，一般由输入电路、微处理器、输出电路和电源电路等组成，如图 7.8 所示。

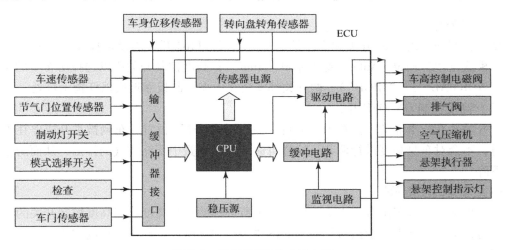

图 7.8 悬架 ECU 的功能电路

悬架 ECU 是悬架控制系统的核心，具有以下功能：

（1）提供稳压电源：ECU 内部所用电源和供给各种传感器的电源均由稳压电源提供。

（2）放大输入信号：用接口电路将输入信号（如各种传感器信号、开关信号）中的干扰信号除去，然后放大、变换极值、比较极值，变换为适合输入控制装置的信号。

（3）计算输入信号：ECU 根据 ROM 中的程序对各输入信号进行计算，并将计算结果与内存的数据进行比较后，向执行机构（电动机、电磁阀、继电器等）发出控制信号。当输入 ECU 的信号除了开/关信号外还有电压信号时，还应进行 A/D 转换。

（4）驱动执行机构：悬架 ECU 用输出驱动电路将输出驱动信号放大，然后输送到各执行机构，如电动机、电磁阀、继电器等，以实现对汽车悬架参数的控制。

（5）自诊断：悬架ECU用故障检测电路来检测传感器、执行器、线路等的故障，当发现故障时，将信号送入悬架ECU，目的在于即使发生故障，也可使悬架系统安全工作，而且在修理故障时容易确定故障所在位置。

4. 高度控制执行机构的结构与工作原理

1）高度控制执行机构的结构

它由干燥器（见图7.9）、排气电磁阀（见图7.9）、悬架控制开关、高度控制ON/OFF开关、车身高度指灯、LRC指示灯、高度控制插座、高度控制阀等组成。

（1）排气电磁阀与干燥器，如图7.9所示。

图7.9 排气电磁阀与干燥器（图中深色部件为排气阀，浅色圆柱形部件为干燥器）

（2）悬架控制开关。

悬架控制开关由LRC开关和高度控制开关组成。LRC开关用以选择减震器和空气弹簧的工作模式（"Normal、Auto"或"Sport、Auto"）；高度控制开关用以选择所希望的车身高度（"NORMAL"或"HIGH"）。两开关都安装在中央控制板靠近换挡杆指示灯处。

（3）高度控制ON/OFF开关。

此开关装在行李厢的工具箱内。当将开关扳至"OFF"位置，车辆被举升或停在不平的路面时，不会对车身高度进行调节，这样可避免空气弹簧中压缩空气的排出，从而防止车身高度下降。

（4）车身高度指示灯。

两绿色指示灯位于组合仪表上，用于指示所选择的车身高度。当高度控制开关的位置发生改变时，指示灯马上指示出所切换到的位置，但到达所设定的车身高度需要一定的时间。

（5）LRC指示灯。

（6）高度控制插座。

连接该插座上的相应端子，能不通过ECU而直接控制空气压缩机电动机、高度控制电磁阀及排气电磁阀，从而使检修方便。此插座上还提供了用于清除存储器中故障代码的端子。

（7）1号和2号高度控制阀。

两个高度控制阀分别装于前、后悬架（见图7.10），其作用是根据ECU的控制信号控制空气弹簧的充气和排气。1号高度控制阀用于前悬架，此阀中有两个电磁阀，分别控制左、右空气弹簧。2号高度控制阀用于后悬架，它也是由两个电磁阀组成的，与1号高度控制不同的是，它们不是单独控制，而是同时动作。在2号高度控制阀中还装有一个安全阀，用于防止管路中压力过高。

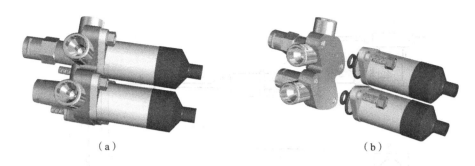

图 7.10 高度控制阀（电磁阀）

(a) 外形图；(b) 分解图

2）高度控制原理

图 7.11 和图 7.12 所示为车高控制的工作原理：通过向空气弹簧的主气室内充放气来实现车身高度的调节。主气室是可变容积的，在它的下部有一个可伸展的隔膜，压缩空气进入主气室可升高悬架的高度；反之则可使悬架高度下降。

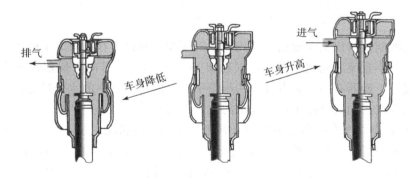

图 7.11 车身高度调节的原理

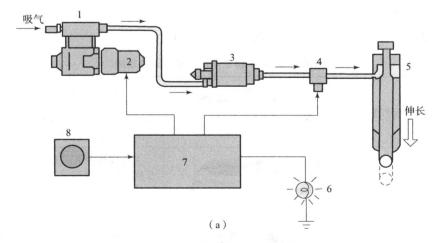

(a)

图 7.12 车身高度调节装置

(a) 车身升高

1—空气压缩机及调压器；2—电动机；3—干燥器及排气阀；4—高度控制电磁阀；
5—空气悬架；6—指示灯；7—悬架电子控制器；8—车身高度传感器

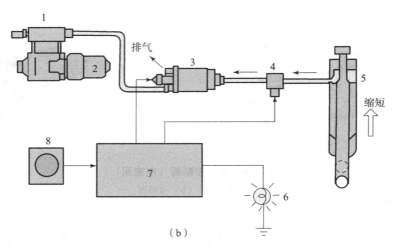

(b)

图 7.12 车身高度调节装置（续）

(b) 车身降低

1—空气压缩机及调压器；2—电动机；3—干燥器及排气阀；4—高度控制电磁阀；
5—空气悬架；6—指示灯；7—悬架电子控制器；8—车身高度传感器

车身高度控制执行机构主要由空气阀、空气压缩机和设置在悬架之上的主气室组成。空气压缩机由一个小直流电动机驱动，根据悬架 ECU 发出的信号向干燥器输送提高车身所必需的压缩空气。干燥器有一个装有硅胶的小箱子，可以将空气中的水分过滤掉。排气阀从系统中放出压缩空气，同时排掉干燥器滤出的空气中的水分。

悬架 ECU 根据汽车车高传感器信号来判断汽车的高度状况。

当判定"车身低了"时，则控制空气压缩机电动机工作，高度控制阀向空气弹簧主气室内充气，使车高增加；反之，则打开高度控制阀向外排气，使汽车高度降低。

5. 控制功能实现

1）控制功能描述

LS400 轿车电控悬架系统的高度控制功能见表 7.1。

表 7.1 LS400 轿车电控悬架系统的功能

车身高度控制	自动高度控制		不管有多少乘客、行李多重，均能使车辆保持在某一恒定高度，操作高度控制开关，使车辆的目标高度变为"NORMAL"或"HIGH"的状态
	高车速控制		当高度控制开关在"HIGH"位置时，车辆高度会降到"NORMAL"状态，从而改善车辆高速行驶时的气动性和稳定性
	连续坏路面控制		提高车身高度，提高通过性，并避免弹簧被压死后，车身直接承受来自车轮的冲击

车身高度控制	点火开关 OFF 控制		当点火开关断开后，由于乘客和行李重量变化而使车辆的高度变为高于目标高度时，能使车辆下降到目标高度，从而改善了车辆驻车状态

2）控制功能实现

（1）自动高度控制，如图 7.13 所示。

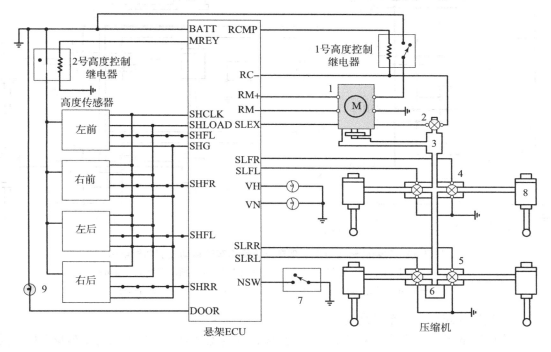

图 7.13 LS400 轿车电控悬架车身高度自动控制功能电路
1—压缩机电动机；2—排气电磁阀；3—空气干燥器；4—前高度控制电磁阀；5—后高度控制电磁阀；
6—减压阀；7—高度控制开关；8—气压缸；9—门指示灯

车身高度控制分为"NORMAL"和"HIGH"两种控制模式，每种模式又有低、中、高三种状态。操作高度控制开关，使车辆的目标高度变为"NORMAL"或"HIGH"的状态。在"NORMAL"模式中，车身高度经常处于"中"状态，而在"HIGH"模式中，车身高度经常处于高状态。通常情况下，不管乘客多少、行李多重，均能自动使车辆保持在某一恒定高度。

（2）高车速控制，如图 7.14 所示。

当车速超过 90km/h 时，为减少风阻、提高稳定性，应降低车身高度。

悬架 ECU 根据采集到的车速信号和车身高度信号，经过分析计算，向车身高度控制执行机构发出指令，调节车身高度。若驾驶员原选择了"NORMAL"模式，则车身高度从"中"状态降低到"低"状态；若驾驶员原选择了"HIGH"模式，则车身高度从"高"状态降低到"中"状态。

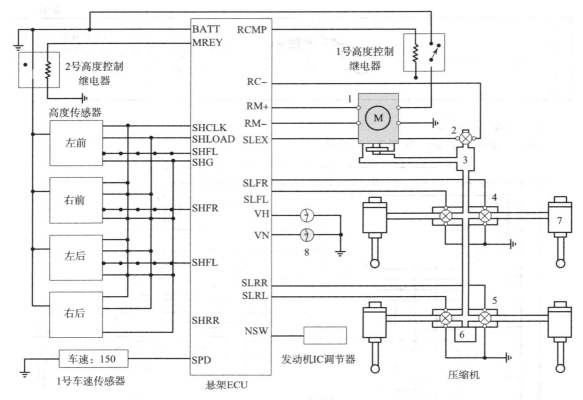

图 7.14 LS400 轿车电控悬架车身高度高车速自动控制功能电路
1—压缩机电动机；2—排气电磁阀；3—空气干燥器；4—前高度控制电磁阀；
5—后高度控制电磁阀；6—减压阀；7—气压缸；8—车身高度指示灯

（3）连续坏路面行驶车身高度控制。

连续在坏路面上行驶时，应该提高车身高度，以避免悬架弹簧被压死而使车身直接承受来自车轮的冲击，同时可提高通过性能。

①当车身高度传感器向悬架 ECU 发出连续 2.5s 以上的车身高度大幅度变化信号及车速在 40~90km/h 时：

a. 若悬架处于"NORMAL"模式，则车高从中状态提高到"高"状态；

b. 若悬架处于"HIGH"模式，则车身高度维持在"高"状态不变。

②当车身高度传感器向悬架 ECU 发出连续 2.5s 以上的车身高度大幅度变化信号及车速高于 90km/h 时，应优先考虑整车的行驶稳定性：

a. 若悬架处于"NORMAL"模式，则车身高度维持"中"状态不变；

b. 若悬架处于"HIGH"模式，则车身高度由"高"状态降低到"中"状态。

③当车身高度传感器向悬架 ECU 发出连续 2.5s 以上的车身高度大幅度变化信号及车速低于 40km/h 时，车身高度则完全由驾驶员选择的模式决定：

a. 若悬架处于"NORMAL"模式，则车身高度维持"中"状态不变；

b. 若悬架处于"HIGH"模式，则车身高度维持"高"状态不变。

3）点火开关 OFF 车身高度控制（见图 7.15）

当汽车处于驻车状态时，为了使车身外观平衡，保持良好的驻车姿势，在点火开关断开后，悬架 ECU 发出指令，使车身高度处于常规模式的"低"状态。

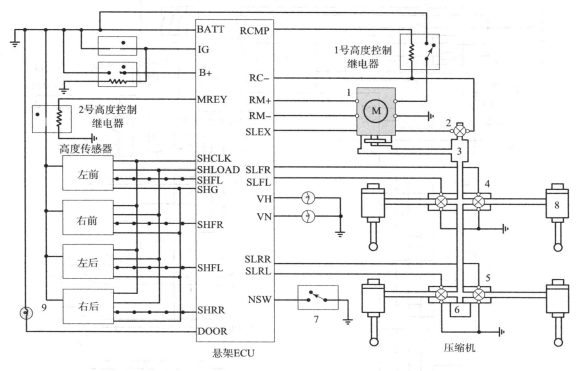

图 7.15　LS400 轿车电控悬架点火开关关闭车身高度自动控制功能电路
1—压缩机电动机；2—排气电磁阀；3—空气干燥器；4—前高度控制电磁阀；5—后高度控制电磁阀；
6—减压阀；7—高度控制开关；8—气压缸；9—门指示灯

二、技能要求

1. 丰田 LS400 电控悬架

1）LS400 轿车电控悬架系统的电路

LS400 轿车电控悬架系统的电路如图 7.16 所示。

2）LS400 电控悬架系统 ECU 端子的含义

LS400 电控悬架系统 ECU 端子的含义见表 7.2。

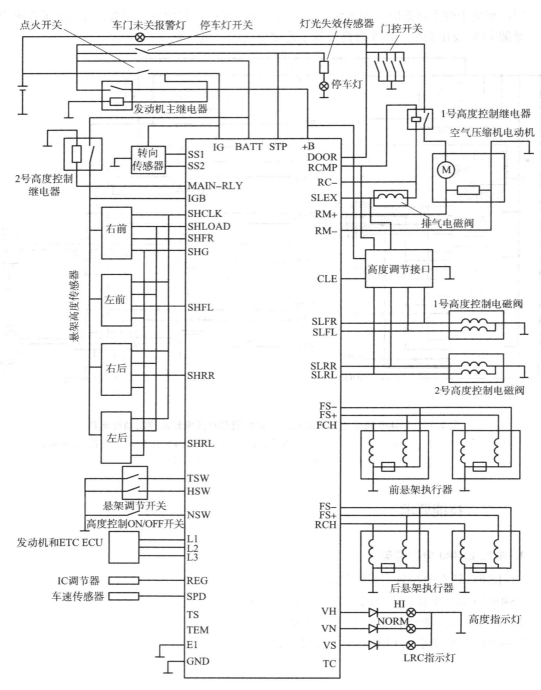

图 7.16 LS400 轿车电控悬架系统的电路

表 7.2　LS400 电控悬架系统 ECU 端子含义

代号	连接对象	代号	连接对象
SLFR	1 号右高度控制阀	CLE	高度控制连接器
SLRR	2 号右高度控制阀	RM −	压缩机电机
RCMP	1 号高度控制传感器	+ B	悬架控制执行器电源
SHRL	左后高度控制传感器	IGB	高度控制电源
SHRR	右后高度控制传感器	BAT	备用电源
SHFL	左前高度控制传感器	SHLOAD	高度控制传感器
SHFR	右前高度控制传感器	SHCLK	高度控制传感器
NSW	高度控制 ON/OFF 开关	MRLY	2 号高度控制继电器
TSW	LRC 开关	VN	高度控制"HIGH"指示灯
STP	停车灯开关	VH	高度控制"NORMAL"指示灯
SLFL	1 号左高度控制阀	FS +	前悬架控制执行器
SLRL	2 号左高度控制阀	FS −	前悬架控制执行器
DOOR	门控灯开关	FCH	前悬架控制执行器
HSW	高度控制开关	IG	点火开关
SLEX	排气阀	GND	ECU 接地
L1	发动机和 ECT ECU	RC −	1 号高度控制继电器
L2	发动机和 ECT ECU	SHG	高度控制传感器
L3	发动机和 ECT ECU	VS	LRC 指示灯
REG	IG 调节器	RS +	后悬架控制执行器
SPD	车速传感器	RS −	后悬架控制执行器
SS2	转向传感器	RCH	后悬架控制执行器
SS1	转向传感器	TC	TDCL 和检查连接器
RM +	压缩机传感器	TS	检查连接器

2. 故障分析

针对车身高度不能自动调节的故障，对可能出现的原因做以下分析，如图 7.17 所示。

3. 故障诊断

1）故障码的读取

（1）接通点火开关。

（2）将 TDCL 或检查连接器的 TC 与 E1 端子短接，如图 7.18 所示。

（3）通过仪表板上高度控制"NORMAL"指示灯的闪烁读取故障码。图 7.19 所示为正常码（无故障码）和故障码 11、31 的闪烁示例，UCF20 系列车型故障码含义见表 7.3。

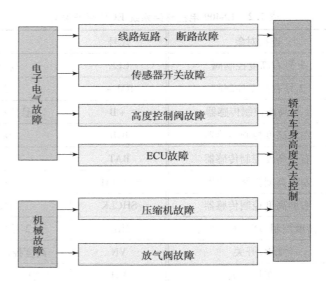

图 7.17 故障原因分析

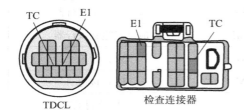

图 7.18 故障码读取跨线接口

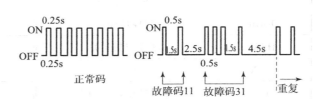

图 7.19 故障码的闪烁方式

表 7.3 凌志轿车电控悬架故障码

故障码	含义	故障码	含义
11	前右高度控制传感器电路短路或断路	33	后右高度控制阀电路短路或断路
12	前左高度控制传感器电路短路或断路	34	后左高度控制阀电路短路或断路
13	后右高度控制传感器电路短路或断路	35	排气阀电路短路或断路
14	后左高度控制传感器电路短路或断路	41	空气悬架继电器电路故障
15	右前加速传感器电路短路或断路	42	压缩机电路故障
16	左前加速传感器电路短路或断路	74	"+B" 端电压小于 9.5V
17	右后加速传感器电路短路或断路	81	转向传感器电路故障
18	左后加速传感器电路短路或断路	82	停车灯开关电路故障
21	前右悬架控制执行器电路故障	83	门控开关电路故障
22	前左悬架控制执行器电路故障	84	节气门位置信号电路故障
23	后右悬架控制执行器电路短路或断路	85	车速传感器电路故障
24	后左悬架控制执行器电路短路或断路		

(4)故障码读取完毕后,将故障诊断专用检查线从 TC 和 E1 接口上取下,开始检查与排除故障。

2)清除故障码

故障码的清除方法有 2 种:

(1)在关闭点火开关的情况下,拆下 1 号接线盒中的 ECU—B 保险丝 30s 以上,便可清除故障码。

(2)将点火开关旋到"ON"位,用跨接线跨接 TDCL 或检查器的 TC 和 E1 端子,然后在 8s 之内开、关车门 3 次,便可清除故障码。

4. 故障检测

1)高度控制传感器的检测

(1)拆下仪表板盒,将点火开关旋到"ON"位,将电压表负极接地,正极分别接到悬架 ECU 连接器(见图 7.20)A15 的 7 号端子和 A16 的 4 号端子上,电压表的读数应约为 5V。若读数不符合要求,则应检查悬架的 ECU。

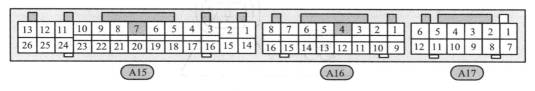

图 7.20 电控悬架 ECU 接口

(2)拆下前轮及前翼子板衬里和后车轮,拔下前、后高度控制传感器后拆出传感器。将 3 节 1.5V 的干电池串联,按图 7.21 所示接线,然后缓慢地上下移动前、后高度控制传感器的连杆。当连杆处于"高"位置时,表的读数应为 2.3 ~ 4.1V;当连杆处于"正常"位置时,表的读数应约为 2.3V;当连杆处于"低"位置时,表的读数应为 0.5 ~ 2.3V。若读数不符合规定,则应更换高度控制传感器。

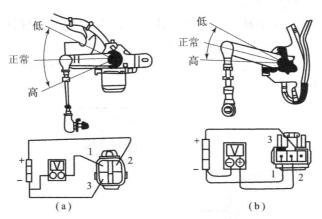

图 7.21 高度传感器的检测
(a)前部高度控制传感器;(b)后部高度控制传感器

2)高度控制开关的检测

拆下仪表板盒,将点火开关置于"ON"位。将电压表负极接地,正极接到悬架 ECU 连接器 A17 的 5 号端子上。当高度控制开关拨到"NORMAL"侧时，表的读数应为 5V；当高度控制开关拨到"HIGH"侧时，表的读数应为 0~1.2V。

3）高度控制阀和排气阀的检测

（1）拔下排气阀和控制阀的导线连接器，用万用表电阻挡测量前、后高度控制阀和排气阀各针脚间的电阻（见图 7.22），控制阀的 1 号与 3 号端子、2 号与 3 号端子及排气阀的 1 号与 2 号端子间的电阻值应为 9~15Ω。

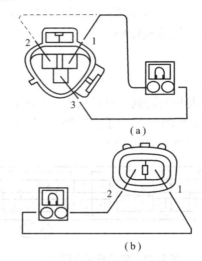

图 7.22 高度控制阀和排气阀的检测

(a) 前后高度控制阀；(b) 排气阀

（2）将蓄电池的负极分别接到前、后高度控制阀的 3 号端子以及排气阀的 2 号端子上，蓄电池正极分别接到前、后高度控制阀的 1 号和 2 号端子以及排气阀的 1 号端子上，此时高度控制阀和排气阀应发出"咔嗒"的工作声。

4）悬架高度控制继电器的检测

（1）拆出仪表板盒，拔下悬架 ECU 线束连接器，用万用表电阻挡检测悬架 ECU 连接器 A15 的 9 号端子与接地间的电阻，其值应为 1~100Ω。

（2）拆出在大灯及空气悬架继电器，用万用表电阻挡检测继电器 4 号和 3 号端子间的电阻，其值应为 1~100Ω（见图 7.23）。

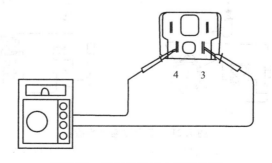

图 7.23 空气悬架继电器的检测

三、知识拓展

电控悬架系统的新技术。

随着人类生活水平的提高，人们对汽车舒适性的要求也越来越高，传统的汽车悬架系统已不能满足人们的要求。人们希望汽车车身的高度、悬架的刚度、减震器的阻尼大小能随汽车载荷、行驶速度以及路面状况等行驶条件的变化而自动调节。随着电子技术的飞速发展，车用微机、各种传感器及执行元件的可靠性和寿命都大幅度提高，为了满足人们对汽车舒适性的要求，20 世纪 90 年代以来，各汽车公司相继开发了提高汽车舒适性的电控悬架系统（ECS）。在装备了电控悬架系统的汽车上，当汽车急转弯、急加速或紧急制动时，乘坐人员能够感受到悬架较为坚硬，而在正常行驶时能够感受到悬架比较柔软；电控悬架还能平衡地面反力，使其对车身的影响减小到最低。因此，随着汽车电子技术的发展与进步，许多中高档轿车、大客车以及越野汽车都装备了电控悬架系统。

电控悬架系统由传感器、控制开关、电控单元（ECU）和执行元件组成。传感器和控制开关向 ECU 输入信号，ECU 接收传感器和控制开关输入的电信号，并向执行元件发出控制指令，执行元件产生一定的机械动作，从而改变车身高度、空气弹簧的刚度或减震器的阻尼。在电控悬架系统中，输入信息主要有车身高度和车速、驾驶员是加速还是制动或驾驶员在仪表板上选择并操作的某种悬架控制功能开关的位置，等等。

电控悬架系统采用的控制方式有控制车身高度、控制空气弹簧的刚度和控制油液减震器的阻尼等。根据电控悬架系统的功能不同，目前采用的电控悬架系统主要有以下几种类型：电控变高度悬架系统；电控变刚度空气弹簧悬架系统；电控变阻尼减震器悬架系统；电控变刚度空气弹簧与变阻尼减震器悬架系统；电控变高度、变刚度空气弹簧和变阻尼减震器悬架系统。

车身高度控制系统的主要功用是当车内乘员或载荷变化时，自动调节车身高度，使汽车行驶稳定，以提高乘坐舒适性。车身高度控制系统分为两大类型：一类是仅对两个后轮悬架进行控制；另一类是对全部四个车轮的悬架进行高度控制。两种类型的控制原理基本相同。

按照路面行驶工况最优控制悬架性能，以确保车辆行驶性能与乘坐舒适性，电控悬架将进一步向高性能方向发展。作为实现这种对悬架优化控制的方式之一，是利用"智能传感器"进行预知控制的"智能控制悬架"。目前已提出了多种方案，并期待着这种新式传感器的出现。另外，从地球环境来考虑，为进一步节约能源，悬架控制向高压力化、高电压化、小型轻量化发展。在控制理论方面正在致力于模糊逻辑控制、神经网络控制等应用于悬架方面的研究。

随着汽车结构和功能的不断改进和完善，研究汽车振动，设计新型悬架电控系统，将振动控制到最低水平是提高现代汽车品质的重要措施。目前，汽车悬架系统已进入到利用电子控制器进行控制的时代。运用较优的控制方法，得到高性能的减振效果，且使能耗尽可能低，是汽车悬架系统发展的主要方向。

学习情境八

乘坐舒适性差故障的诊断与修复

一、知识要求

关于电控悬架整体知识已在上一学习情境详细介绍，在此不再赘述。此处主要介绍与本故障有关的阻尼力减震器调整执行机构和弹簧刚度调整执行机构的相关知识。

1. 阻尼系数调整执行机构

1）可调阻尼系数减震器

可调阻尼系数减震器主要由缸筒、活塞及活塞控制杆和回转阀等构成，如图8.1所示。

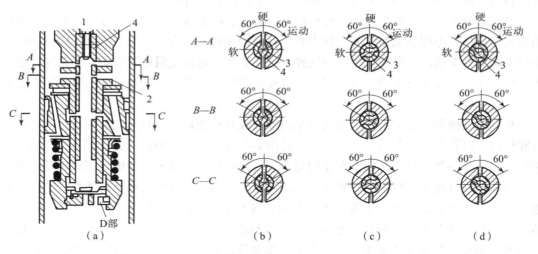

图8.1 可调阻尼系数减震器的结构及工作原理
1—回转阀控制杆；2—阻尼孔；3—活塞杆；4—回转阀

活塞杆3是一个空心杆，在其中心装有回转阀控制杆1，回转阀控制杆1的上端与执行器相连。回转阀控制杆1的下端装有回转阀4，回转阀4上有油孔，活塞杆3上有通孔。缸筒中的油液一部分经活塞上的阻尼孔在缸筒的上下两腔流动；一部分经回转阀4与活塞杆3上连通的孔在缸筒的上下两腔间流动。

回转阀控制杆1可带动回转阀4相对于活塞杆3转动，使回转阀与活塞杆上的油孔连通或切断，从而增加或减少油液的流通面积，使油液的流动阻力改变，以达到调节减震器阻尼系数的目的。

(1) 当处于图8.1 (c) 所示状态时，A、B、C三个截面上活塞杆和回转阀上油孔均未连通，仅有活塞上的阻尼孔起衰减作用，此时减震器的阻尼系数为硬；

(2) 当回转阀按图8.1 (c) 所示状态逆时针旋转60°时，如图8.1 (b) 所示，A、B、C三个截面上的油孔均相通，流通面积最大，减震器的阻尼系数为软；

(3) 当回转阀按图8.1 (c) 所示状态顺时针旋转60°时，如图8.1 (d) 所示，只有B截面回转阀油孔与活塞杆油孔相通，减震器的阻尼系数为中等。

2) 直流电动机式执行器

图8.2所示为丰田汽车采用的直流电动机式执行器的结构和工作原理。该执行器主要由直流电动机、小齿轮、扇形齿轮、电磁线圈、挡块、控制杆组成。每个执行器安装于减震器的顶部，并通过其上的控制杆与回转阀连接。直流电动机和电磁线圈直接接受ECU的控制。

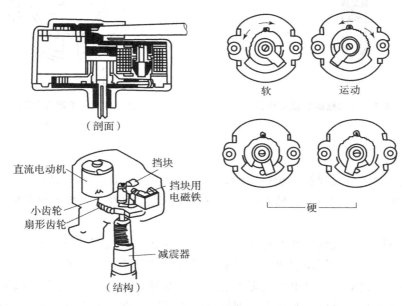

图8.2 可调阻尼系数减震器的执行机构

其基本工作原理：ECU输出控制信号，使电磁线圈通电，以使挡块动作（将挡块与扇形齿轮的凹槽分离）。另外，直流电动机根据输入的电流方向做相应方向的旋转，从而驱动扇形齿轮做相应方向的偏转，带动控制杆旋转，改变减震器的回转阀与活塞杆油孔的连通情况，使减震器的阻尼系数按需要的大小改变。当阻尼系数调整合适后，电动机和电磁线圈均断电，挡块重新进入扇形齿轮的凹槽，稳定地保持调整好的阻尼系数。

(1) 当ECU发出软阻尼系数信号时，电动机转动，使扇形齿轮做逆时针方向转动，直到扇形齿轮上凹槽的一边靠在挡块上为止；

(2) 当ECU发出中等硬度信号时，电动机反向通电，使扇形齿轮顺时针方向偏转，直到扇形齿轮上凹槽的另一边靠在挡块上为止；

(3) 当ECU发出硬阻尼系数信号时，ECU同时向电动机和电磁线圈发出控制信号，电动机带动扇形齿轮离开软阻尼系数位置或中等阻尼系数位置，同时电磁线圈将挡块拉紧，使挡块进入扇形齿轮中间的一个凹槽内。

2. 弹簧刚度调整执行机构

图 8.3 所示为空气悬架的基本结构剖面图。悬架刚度的自动调节原理如图 8.4 所示。

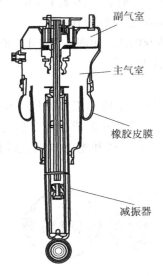

图 8.3 空气悬架的基本结构

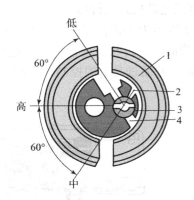

图 8.4 刚度调节原理
1—空气阀阀体；2—气体小通道；
3—阀芯；4—气体大通道

空气弹簧悬架由空气弹簧（包括旋转式膜片、主气室、副气室等结构）、阻尼系数可调的减震器和悬架执行元件组成。悬架的上方与车身相连，随着车身与车轮的相对运动，主气室的容积在不断变化。

主、副气室间的空气阀阀体上有大小两个气体通道。主气室的气体经过阀芯的中间孔、阀体侧面通道与副气室的气体相通。两气室之间的空气流量越大，相当于参与工作的气体容积增大，悬架刚度越低。步进电动机带动空气阀控制杆转动，使空气阀阀芯转过一个角度，改变气体通道的大小，就可以改变主、副气室气体流量，使悬架的刚度发生变化。悬架刚度可以在低、中、高三种状态间变化。

（1）当阀芯的开口转到对准如图 8.4 所示的"低"位置时，气体大通道被打开，两气室之间的空气流量最大，悬架刚度处于"低"状态；

（2）当阀芯开口转到对准如图 8.4 所示的"高"位置时，两气室之间的气体通道全部被封闭，两气室之间的气体相互不能流动。压缩空气只能进入主气室，悬架在振动过程中只有主气室的气体单独承担缓冲工作，悬架刚度处于"高"状态；

（3）当阀芯开口转到对准如图 8.4 所示的"中"位置时，气体小通道被打开，两气室之间的流量居中，悬架刚度处于"中"状态。

3. 侧倾刚度调整执行机构

汽车的侧倾刚度与汽车的转向特性密切相关。可以通过改变横向稳定杆的扭转刚度来改变汽车的侧倾刚度。侧倾刚度控制系统根据电子控制单元 ECU 的信号，通过一执行器来控制横向稳定杆液压缸内的油压，以达到调节横向稳定杆扭转刚度的目的。

1) 横向稳定杆执行器

横向稳定杆执行器由直流电动机、蜗轮、蜗杆、行星齿轮机构和限位开关等组成。行星齿轮机构由与蜗轮一体的太阳轮、两个行星齿轮和齿圈构成。两个行星轮装在与变速传动轴为一体的行星架上,齿圈为固定元件,太阳轮为主动元件,行星架及变速传动轴为从动元件。变速传动轴的外端装有驱动杆,因此,直流电动机可通过执行器内部的蜗杆蜗轮和行星齿轮机构使驱动杆转动。

2) 液压缸

液压缸安装在横向稳定杆与悬架下控制臂之间,通过改变液压缸内的油压来改变横向稳定杆的扭转刚度,图 8.5 所示为其工作示意图。

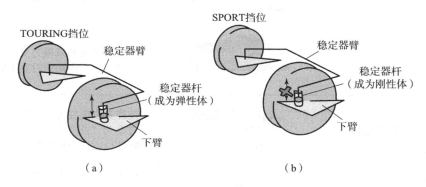

图 8.5　液压缸工作示意图
(a)"TOURING"位置;(b)"SPORT"位置

当模式选择开关处于"TOURING"位置时,液压缸内的油压较低,液压缸具有可伸缩的弹性作用,此时横向稳定杆具有较小的扭转刚度;当选择开关处于"SPORT"位置时,液压缸内的油压较高,此时横向稳定杆具有较大的扭转刚度。

液压缸主要由缸体、活塞、单向阀、推杆和储油室组成。推杆与液压缸通过缆绳连接,受缆绳控制,单向阀与推杆用来打开或关闭液压缸上下腔与储油室之间的油路。

(1) 当模式选择开关转到"TOURING"位置时[见图 8.5 (a)]:因缆绳呈放松状态,推杆受弹簧力作用而推开单向阀,使液压缸的上下腔均与储油室相通。此时,液压缸内的油液可在液压缸与储油室之间自由流动,活塞的动作不受限制,稳定杆扭转刚度小,汽车的侧倾刚度小。(为避免汽车的控制稳定性过分降低,活塞的行程只有 16mm,因此,当汽车急转弯时,活塞运动达到全行程状态,稳定杆扭转刚度增大,汽车的侧倾刚度增大。)

(2) 当模式选择开关转到"SPORT"位置时[见图 8.5 (b)]:横向稳定杆执行器通过缆绳拉动推杆向外位移,单向阀在弹簧的作用下关闭,切断了液压缸的上下腔与储油室之间的油路,液压缸上下腔均呈封闭状态,活塞的动作受到限制,横向稳定杆刚度增加,汽车的侧倾刚度增大。

4. 控制功能实现

1) 控制功能描述

LS400 轿车电控悬架系统舒适性相关的控制功能见表 8.1。

表 8.1 LS400 轿车电控悬架系统的功能

控制项目			功能
弹簧刚度和减震器阻尼系数控制	车身姿势控制	防侧倾控制	急转弯时，使弹簧刚度和减振力变为"坚硬"状态，以抑制车身的侧倾
		防点头控制	使弹簧刚度和减振力变为"坚硬"状态，以抑制车辆制动时点头
		防后坐控制	使弹簧刚度和减振力变为"坚硬"状态，以抑制车辆加速时发生后坐现象
	车速路面感应控制	高车速控制	使弹簧刚度变为"坚硬"状态，使减振力变为"中等"，以改善车辆高速行驶时的稳定性和操纵性
		不平路面控制	使弹簧和减振力变为"中等"和"坚硬"状态，控制车身在悬架上下垂直振动，以抑制车辆在不平路面行驶时的颤动和颠簸，从而改善车辆在不平路面行驶时的乘坐舒适性

2）控制功能实现

（1）防侧倾控制，电路如图 8.6 所示。

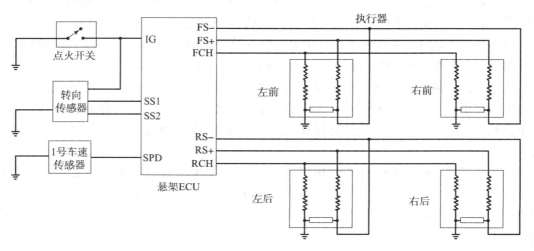

图 8.6 LS400 轿车电控悬架防侧倾功能电路

在急转弯的情况下，应增加刚度和阻尼系数，以抑制车身侧倾。

当驾驶员猛转方向盘时，转向传感器把检测到的转向盘转角及其变化速度输入给 ECU，

ECU 经过分析计算，向悬架调节执行器发出指令，通过电动机和电磁线圈的动作，使刚度和阻尼系数转换到"硬"状态，以有效预防急转弯时车身的侧倾。

（2）防点头控制，电路如图 8.7 所示。

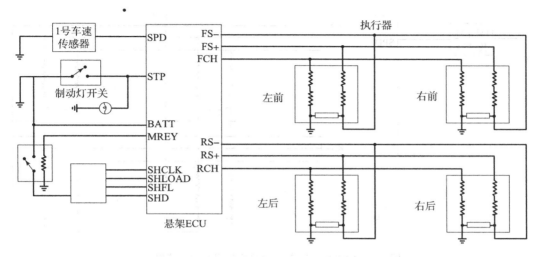

图 8.7　LS400 轿车电控悬架防点头功能电路

在紧急制动时，应增加悬架的刚度和阻尼系数，以抑制点头（即车身前部的下俯）。

在车速高于 60km/h 的情况下紧急制动时，悬架 ECU 接收到车速传感器发出的相应车速信号和制动灯开关发出的阶跃信号，经过分析计算，向悬架调节执行器发出将刚度和阻尼系数调至"硬"状态的指令，以抑制制动时的点头现象。

（3）防后坐控制，电路如图 8.8 所示。

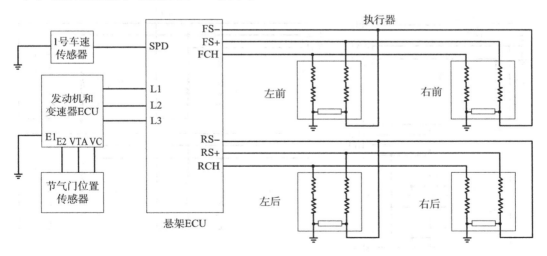

图 8.8　LS400 轿车电控悬架防后坐功能电路

当突然起步或在低速情况下突然加速时，应增加悬架的刚度和阻尼系数，以抑制车身后坐（即车身尾部下沉、头部抬起、整个车身后移）。

在起步或车速低于 20km/h 的情况下猛踩加速踏板而加速度较大时，悬架 ECU 接收到节气门位置传感器的信号和相应的车速信号，经过分析计算，向悬架调节执行器发出将刚度和阻尼系数调至"硬"状态的指令，以抑制加速时的后坐现象。

（4）高车速控制，电路如图8.9所示。

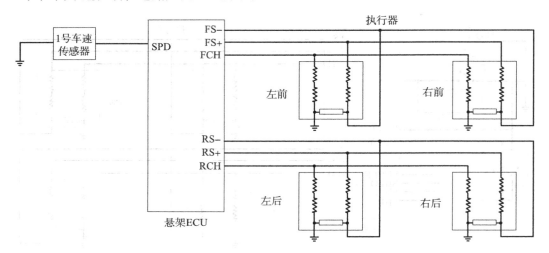

图8.9　LS400轿车电控悬架高车速控制功能电路

当车速高于110km/h时，悬架ECU根据车速传感器信号，经过分析计算后发出指令，调节悬架的刚度和阻尼系数。若驾驶员选择的是"软"模式，则悬架的刚度和阻尼系数自动从"低"状态进入"中"状态；若选择的是"运动"模式，则悬架仍稳定在"中"状态不变，以提高车辆高速行驶时的操纵稳定性。

（5）不平路面控制，如图8.10所示。

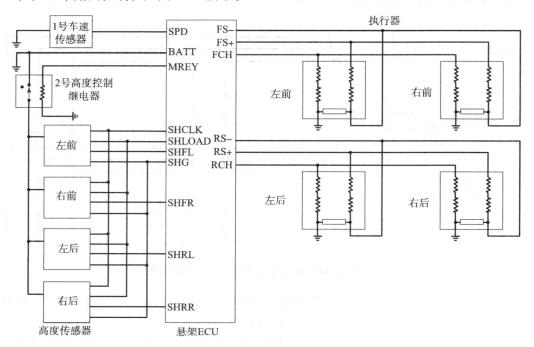

图8.10　LS400轿车电控悬架不平路面控制功能电路

当汽车突然驶入不平路面时，为了抑制突然产生的车身纵向振动，应加大悬架的刚度和阻尼系数。汽车以 40~100km/h 的速度突然驶入不平路面时，车身高度传感器会立刻给出周期小于 0.5s 的车身高度变化信号。悬架 ECU 分析车速传感器和车身高度传感器的信号后，向悬架调节执行器发出指令，若驾驶员选择的是"软"模式，则悬架的刚度和阻尼系数自动从"低"状态进入"中"状态；若选择的是"运动"模式，则悬架仍稳定在"中"状态不变。当汽车以高于 100km/h 的速度突然驶入不平路面时，如果选择的是"运动"模式，则悬架的刚度和阻尼系数自动从"中"状态进入"高"状态。

二、技能要求

1. 故障分析

针对车身高度不能自动调节的故障诊断见表 8.2。

表 8.2 悬架刚度和阻尼系数控制失灵的故障诊断

故障现象	检查故障部位
操作 LRC 开关时，LRC 指示灯的状态不变	LRC 开关电路； 悬架控制单元
悬架的刚度和减振阻尼控制不起作用	悬架控制执行器及其电路； TC 端子与 TS 端子电路； LRC 开关电路； 气压缸或减震器； 悬架控制执行器电源电路； 悬架控制单元
只有防倾控制不起作用	转向传感器及其电路； 悬架控制单元
只有防俯仰控制不起作用	转向传感器及其电路； 悬架控制单元
只有防点头不起作用	制动灯开关及其电路； 车速传感器及其电路 悬架控制单元
只有在高速时不起作用	转向传感器及其电路； 悬架控制单元

对可能出现的故障点，作如图 8.11 所示流程分析。

2. 故障诊断

1）漏气检查

检查空气软管和软管接头是否漏气：

（1）将高度控制开关拨到"HIGH"位置，使汽车高度上升；

（2）使发动机熄火；

（3）在空气软管和软管接头处涂肥皂水，检查是否漏气。

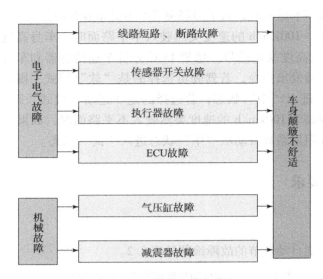

图8.11 故障原因分析

2）转向传感器的检测

(1) 拆出仪表板盒，将点火开关置于"ON"位，慢慢转动方向盘，用电压表检测悬架 ECU 连接器 A17 的 9 号和 8 号端子与车身之间的电压，其值应为 0~5V。

(2) 拆下方向盘，将点火开关置于"ON"位，把电压表正极接到连接器的 1 号端子、负极接到 2 号端子上（见图8.12），表的读数应为 9~14V。

(3) 将蓄电池正极接传感器 1 号端子、负极接 2 号端子，然后慢慢转动转向传感器的旋转件，检测 7 号、8 号端子与 2 号端子之间的电阻（见图8.13），正常情况电阻值应在 $0 \sim \infty$ 变化。

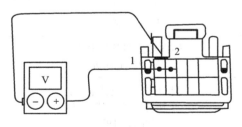

图8.12 转向传感器的电压测量

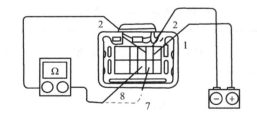

图8.13 转向传感器的电阻测量

3）加速传感器的检测

(1) 拆出仪表板盒，将点火开关置于"ON"位，电压表正极接悬架 ECU 连接器 A15 的 7 号端子和 A16 的 4 号端子，负极接地，表的读数应为 5V。

(2) 拆下前轮和前翼子板衬里及行李厢地板垫，拆下前、后加速传感器。把 3 节 1.5V 干电池串联，如图8.14所示。当传感器静止时（传感器的下表面与路面平行），表的读数应约为 2.3V；当传感器垂直振动时（在 1s 内移动 300r 后复位），表的读数应为 0.5~4.0V。

4）悬架控制执行器的检测

(1) 将点火开关置于"ON"位，用跨接线连接 TDCL 的 TD 和 E1 端子（见图8.15），

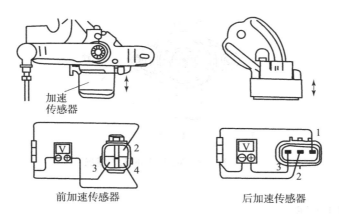

图 8.14　前、后加速度传感器的检测

此时将高度控制开关向"HIGH（高）"侧推动一次，则悬架控制执行器应向"硬"状态递进一步。

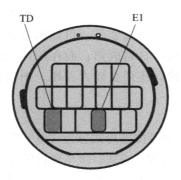

图 8.15　TDCL 的接口

（2）拔下执行器的连接器，用万用表电阻挡检测执行器连接器各端子间的电阻值（见图 8.16），1 号与 2 号、3 号、4 号、5 号端子间的电阻值均应为 14.7～15.7Ω。

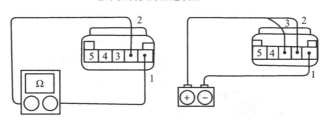

图 8.16　执行器各针脚间电阻测量

（3）将执行器输出轴调至"软"位置，然后将蓄电池负极与悬架控制执行器的 1 号端子相接（见图 8.17），当蓄电池的正极与 2 号和 3 号端子相接时，执行器将由 1 进到 2；当蓄电池的正极与 3 号和 4 号端子相接时，执行器由 2 进到 3；当蓄电池的正极与 4 号和 5 号端子相接时，执行器由 3 进到 4；当蓄电池的正极与 5 号和 2 号端子相接时，执行器由 4 进到 5。若不符合要求，则应更换悬架控制执行器。

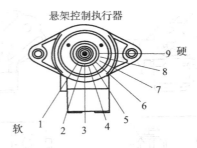

图 8.17　检测执行器的工作情况

三、知识拓展

油气弹簧。

油气悬架系统产生于 20 世纪 70 年代,它由油气弹簧和配流系统组成。油气弹簧用气体作为弹性元件,在气体与活塞之间引入油液作为中间介质;而配流系统则利用油液的流动平衡轴荷、阻尼振动及调节车身高度等。目前国外油气悬架技术已经得到了广泛应用,产品的研究、设计、制造也已日趋成熟;而在国内,油气悬架还处于研究阶段,其产品性能与国外同类型产品相比,还存在较大差距,国内技术的发展还有很多问题需要解决。

1) 分类

油气悬架有多种形式。按单缸蓄能器形式分为成单气室、双气室和两级气压式等;按车桥各悬架缸是否相连可分为独立式和连通式;按车辆行驶过程中悬架控制是否需要外部能量输入分为被动油气悬架、半主动悬架和主动悬架。目前,国外油气悬架系统已商品化,并应用于各类特殊底盘的结构中,如自卸汽车、全地面起重机等,采用的形式也各有不同。自卸汽车多采用独立式油气悬架;利勃海尔全地面起重机系列在路况好的情况下采用独立式悬架,而在路况恶劣的情况下采用互连式悬架,极大地增强了车辆的行驶平顺性和操作平稳性。图 8.18 所示为五桥油气悬架的底盘系统。

图 8.18　五桥油气悬架的底盘系统

2) 特性及应用

油气悬架在国外特种车辆和高级轿车上得到了广泛应用,这与其下列优点分不开:

(1) 增强承压能力,钢筒蓄能器体积小、质量轻,通常可达 20MPa 的压力。

（2）很好的弹性特性曲线和较低的固有频率，通过管路的连接，将不同车轴的油气弹簧油缸连接起来，起到平衡轴荷的作用，并可提高行驶的平顺性，增加了整机的侧倾刚度，克服了制动"点头"现象。

（3）油气悬架系统通过对油液流动的调节，可以起到阻尼作用（即减振作用），还可以调节车身高度和锁死悬架，后者在轮式起重机的起重作业中非常有用，可以极大地提高作业稳定性。

从油气悬架的上述优点可以看出，其既有传统悬架技术的基本性能，又符合现代悬架技术的特点和发展方向，因而具有特殊而重要的技术地位，目前其已在以下方面得到应用：

（1）军事特种车辆，如轮式装甲车、轮式输送车、轮式坦克等。

（2）工程车辆：全地面起重机、土方施工机械和大型矿用自卸车，如德国利勃海尔公司生产的 LTM 系列全地面起重机；德国克虏伯公司生产的 KMK 系列起重机；美国卡特彼勒公司生产的 TS-24B 自行式铲运机和大型矿用自卸车；日本日立建机生产的 10 轮式挖掘机等。

（3）赛车和高级轿车，如法国雪铁龙公司的 Citroen DSl-19 和 ID-19 型赛车，奔驰公司的部分高级轿车。

从上述国外油气悬架技术及其产品的应用可以看出，国外油气悬架技术已经向全方位、多领域、智能化、全主动悬架的方向发展，并已渗透到车辆悬架系统的各个领域。

但是，油气悬架也有其固有的缺点，这些不足使其在产品应用上存在着一定的局限性。

（1）油气悬架除了悬架缸、蓄能器外，需要有液压泵及实现上述功能的控制阀和相应的电子、电气控制器件等，因而成本相对较高。

（2）油、气要求的密封性要好，因而加工精度、装配精度要求高，维修、保养比较困难，并需配置一定的专用设备（如充气设备等）。

学习情境九
转向不灵敏故障的诊断与修复

一、知识要求

1. 概述

汽车转向系统是用来改变汽车行驶方向的专设机构的总称。汽车转向系统的功用是保证汽车能按驾驶员的意愿进行直线或转向行驶。

1）汽车转向系统的类型和组成

（1）机械转向系统。

机械转向系统以驾驶员的体力作为转向能源，所有传递力的构件都是机械的，主要由转向操纵机构、转向器和转向传动机构三大部分组成。当前轮为独立悬架时，机械转向系统的组成及布置与红旗 CA7220 型轿车（见图 9.1）相似。

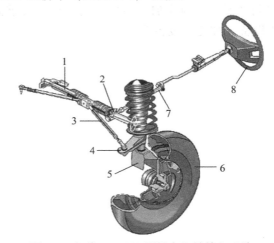

图 9.1　红旗 CA7220 型轿车机械转向系统

1—转向减震器；2—机械转向器；3—转向横拉杆；4—转向节臂；
5—转向节；6—转向轮；7—安全转向轴；8—转向盘

当前轮为非独立悬架时，机械转向系统的组成及布置如图 9.2 所示。由于转向盘距离转向器较远，故二者之间用万向节和传动轴构成的万向传动装置相连。

（2）动力转向系统。

动力转向系统（见图 9.3）是兼用驾驶员体力和发动机（或电动机）的动力作为转向

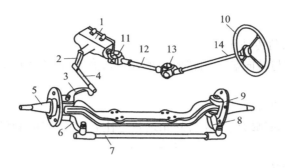

图 9.2 机械转向系统的组成和布置示意图

1—转向器；2—转向摇臂；3—转向节臂；4—转向直拉杆；5—左转向节；6，8—梯形臂；
7—转向横拉杆；9—右转向节；10—转向盘；11，13—转向万向节；12—转向传动轴；14—转向轴

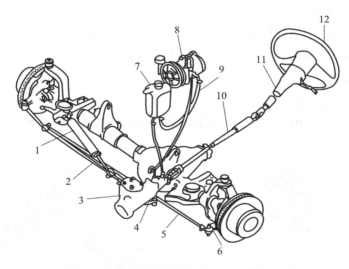

图 9.3 北京吉普切诺基汽车的动力转向系统

1—转向减震器；2—转向直拉杆；3—整体式转向器；4—转向摇臂；5—转向横拉杆；6—转向节臂；
7—转向油罐；8—转向油泵；9—转向油管；10—转向中间轴；11—转向轴；12—方向盘

能源的转向系统。动力转向系统是在机械转向系统的基础上加设了一套转向加力装置而形成的。

2）两侧转向轮偏转角之间的理想关系式

汽车转向行驶时，为了避免车轮相对地面滑动而产生附加阻力，减轻轮胎磨损，要求转向系统能保证所有车轮均做纯滚动，即所有车轮轴线的延长线都要相交于一点。

$$\cot\alpha = \cot\beta + B/L$$

其中，α、β 分别是内外侧转向轮的偏转角；B 是两侧主销轴线与地面相交点之间的距离；L 是汽车轴距。如图 9.4 所示。

3）转向系统传动比

（1）转向器角传动比。

转向盘转角增量与相应的转向摇臂转角增量之比 $i_{\omega 1}$，

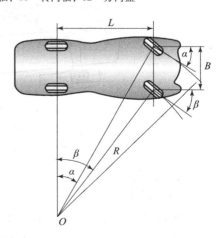

图 9.4 两侧转向轮偏转角之间的理想关系

称为转向器角传动比。

(2) 转向传动机构角传动比。

转向摇臂转角增量与转向盘一侧转向节的相应转角增量之比 $i_{\omega 2}$,称为转向传动机构角传动比。

(3) 转向系统角传动比。

转向盘转角增量与同侧转向节相应转角增量之比 i_{ω},称为转向系统角传动比。

$$i_{\omega} = i_{\omega 1} \cdot i_{\omega 2}$$

(4) 转向系统的力传动比。

两个转向轮受到的转向阻力与驾驶员作用在转向盘上的手动力之比 i_p 称为转向系统的力传动比,它与角传动比 i_{ω} 成正比。

4) 转向盘的自由行程

转向盘在空转阶段的角行程称为转向盘的自由行程。转向盘的自由行程有利于缓和路面冲击,避免驾驶员过度紧张,但不宜过大,否则将使转向灵敏度下降。

2. 转向操纵机构

1) 转向操纵机构的组成

转向盘到转向器之间的所有零部件总称为转向操纵机构,如图9.5所示。

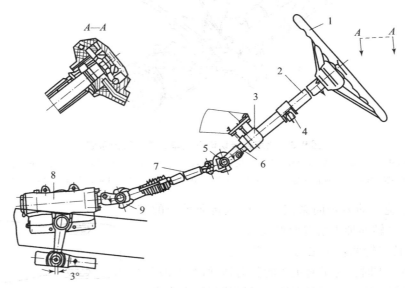

图 9.5 东风 EQ1090 型汽车转向机构和转向器布置

1—转向盘;2—转向柱管;3—转向柱管支架;4—转向柱管支座;5—上万向节;
6—转向轴限位弹簧;7—转向传动轴;8—转向器;9—下万向节

2) 转向操纵机构的部件及安全装置

(1) 转向盘。

转向盘由轮缘、轮辐和轮毂组成,如图9.6所示。转向盘轮毂的细牙内花键与转向轴连接。转向盘上装有喇叭按钮,有些轿车的转向盘上还装有车速控制开关和安全气囊。

(2) 转向轴、转向柱管及其吸能装置。

转向轴是连接转向盘和转向器的传动件,转向柱管固定在车身上,转向轴从转向柱管中

图 9.6 转向盘结构

1，5—轮圈；2—轮毂；3，4—轮辐

穿过，支撑在柱管内的轴承和衬套上。

轿车除要求装有吸能式转向盘外，还要求转向柱管必须装备能够缓和冲击的吸能装置。转向轴和转向柱管吸能装置的基本工作原理是：当转向轴受到巨大冲击而产生轴向位移时，通过转向柱管或支架产生塑性变形及转向轴产生错位等方式，吸收冲击能量。

3. 转向器

1）转向器的传动效率

转向器的输出功率与输入功率之比称为转向器传动效率。

（1）正效率。

功率由转向轴输入、由转向传动机构（如转向横拉杆或摇臂）输出的情况下求得的传动效率称为正效率。显然，正效率越高越好。

（2）逆效率。

功率由转向传动机构输入、由转向轴输出的情况下求得的传动效率称为逆效率。

（3）可逆式转向器。

逆效率很高的转向器称为可逆式转向器。其特点是路面传到转向传动机构的反力很容易传到转向轴和转向盘上，利于汽车转向结束后转向轮和转向盘的自动回正，但也能将坏路面对车轮的冲击力传到转向盘，发生"打手"情况。常用于轿车、客车和货车。

（4）不可逆式转向器。

逆效率很低的转向器称为不可逆式转向器。不可逆式转向器使转向轮不能自动回正，没有路感。由于上述特性，不可逆式转向器在汽车上很少采用。

（5）极限可逆式转向器。

逆效率略高于不可逆式转向器的称为极限可逆式转向器。其反向传力性能介于可逆式和不可逆式之间，接近于不可逆式。采用这种转向器时，驾驶员有一定路感，可以实现转向轮自动回正，且只有路面冲击力很大时才会有部分力传到转向盘，常用于越野车和矿用自卸汽车。

2）齿轮齿条式转向器

齿轮齿条式转向器是以齿轮和齿条作为传动机构，适合与麦弗逊式独立悬架配用，常用于轿车、微型货车和轻型货车。

齿轮齿条传动的基本工作原理如图 9.7 所示。目前，轿车普遍采用的都是齿轮齿条式转向器，其基本组成如图 9.8 所示。

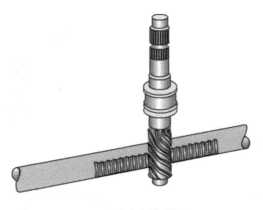

图 9.7 齿轮齿条传动原理

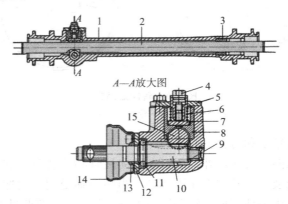

图 9.8 齿轮齿条式转向器

1—壳体；2—转向齿条；3—支撑套；4—调整螺钉；5—侧盖；6—弹簧；7—垫片；8—压块；9—滚针轴承；10—转向齿轮；11—球轴承；12—压盖；13—油封；14—防尘罩；15—齿条

捷达轿车转向器的安装及布置如图 9.9 所示，其转向器通过两个 U 形支架和橡胶管支撑并固定在副车架上，两个转向横拉杆分别通过球头销与转向齿条的两端相连。有些轿车转向齿条的动力不是两端输出，而是中间输出，如图 9.10 所示。

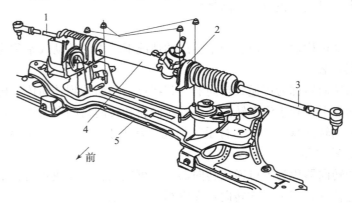

图 9.9 捷达轿车转向器布置

1—右转向横拉杆；2—U 形支架和橡胶管；3—左转向横拉杆；4—转向器总成；5—副车架总成

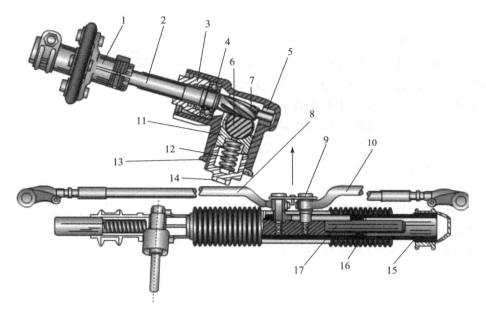

图 9.10 中间输出的齿轮齿条式转向器

1—万向节叉；2—转向齿轮轴；3—调整螺母；4—向心球轴承；5—滚针轴承；6—转向齿条；7—转向齿轮；8—转向横拉杆；9—固定螺栓；10—转向横拉杆；11—压块；12—压紧弹簧；13—锁紧螺母；14—调整螺塞；15—转向器壳体；16—防尘套；17—转向齿条

4. 转向传动机构

从转向器到转向轮之间的所有传动杆件总称为转向传动机构。

转向传动机构的功用是将转向器输出的力和运动传到转向桥两侧的转向节，使转向轮偏转，并使两转向轮偏转角按一定关系变化，以保证汽车转向时车轮与地面的相对滑动尽可能小。

1）与非独立悬架配用的转向传动机构

转向传动机构的组成。

转向传动机构由转向摇臂、转向直拉杆、转向节臂和转向梯形等零部件共同组成，其中转向梯形由梯形臂、转向横拉杆和前梁共同构成（见图 9.11）。

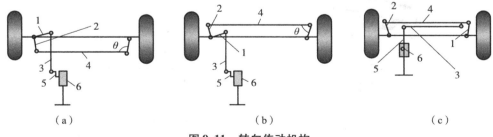

图 9.11 转向传动机构

1—转向节臂；2—梯形臂；3—转向直拉杆；4—转向横拉杆；5—转向摇臂；6—转向器

（1）转向摇臂。

循环球式转向器和蜗杆曲柄指销式转向器通过转向摇臂与转向直拉杆相连。转向摇臂的大端用锥形三角细花键与转向器中摇臂轴的外端连接，小端通过球头销与转向直拉杆做空间铰链连接（见图 9.12）。

（2）转向直拉杆。

转向直拉杆是转向摇臂与转向节臂之间的传动杆件，具有传力和缓冲作用。当转向轮偏转且因悬架弹性变形而相对于车架跳动时，转向直拉杆与转向摇臂及转向节臂的相对运动都是空间运动，为了不发生运动干涉，三者之间的连接件都是球形铰链（见图 9.13）。

（3）转向横拉杆。

转向横拉杆是转向梯形机构的底边，由横拉杆体和旋装在两端的横拉杆接头组成。其特点是长度可调，通过调整横拉杆的长度可以调整前轮前束（见图 9.14）。

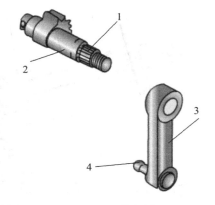

图 9.12　转向摇臂
1—摇臂轴；2—带锥度的三角形齿形花键；
3—转向摇臂；4—球头销

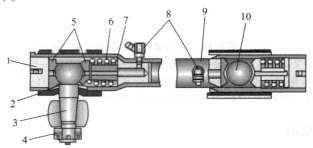

图 9.13　转向直拉杆
1—螺塞；2—橡胶防尘垫；3—球头销；4—螺母；5—球头座；6—压缩弹簧；
7—弹簧座；8—油嘴；9—直拉杆体；10—转向摇臂球头销

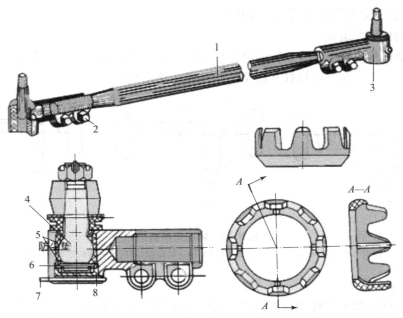

图 9.14　转向横拉杆
1—横拉杆体；2—夹紧螺栓；3—横拉杆接头；4—球头销；5—球头座；6—弹簧；7—限位销；8—螺塞

2）与独立悬架配用的转向传动机构

当转向轮采用独立悬架时，为了满足转向轮独立运动的需要，转向桥是断开式的，且转向传动机构中的转向梯形也必须断开，如图9.15所示。

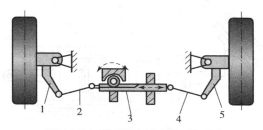

图9.15　捷达轿车转向传动机构

1—左梯形臂；2—左转向横拉杆；3—齿轮齿条式转向器；4—右转向横拉杆；5—右梯形臂

与独立悬架配用的多数是齿轮齿条式转向器，转向器布置在车身上，转向横拉杆通过球头销与齿条及转向节臂相连，如图9.16所示。

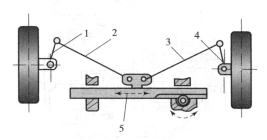

图9.16　红旗轿车转向传动机构

1—左梯形臂；2—左转向横拉杆；3—右转向横拉杆；4—右梯形臂；5—齿轮齿条式转向器

5. 液压助力转向系统

动力转向系统概述。

动力转向系统是将发动机输出的部分机械能转化为压力能（或电能），并在驾驶员控制下，对转向传动机构或转向器中某一传动件施加辅助作用力，使转向轮偏摆，以实现汽车转向的一系列装置。采用动力转向系统可以减轻驾驶员的转向操纵力。

动力转向系统由机械转向器和转向加力装置组成。根据助力能源形式的不同可以分为液压助力、气压助力和电动机助力三种类型。其中液压助力转向系统应用较为普遍，以下重点介绍其类型及典型零部件。

1）液压助力转向系统

（1）常压式液压助力转向系统。

其特点是无论转向盘处于中立位置还是转向位置，也无论转向盘保持静止还是运动状态，系统工作管路中总是保持高压，如图9.17所示。

（2）常流式液压助力转向系统。

其特点是转向油泵始终处于工作状态，但液压助力系统不工作时，其基本处于空转状态。多数汽车都采用常流式液压助力转向系统，如图9.18所示。

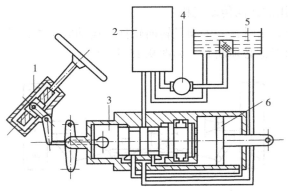

图9.17 常压式液压助力转向系统

1—机械转向器；2—储能器；3—转向控制阀；4—转向液压泵；5—转向油罐；6—转向动力缸

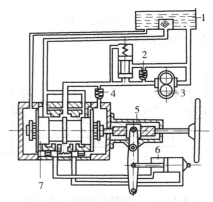

图9.18 常流式液压助力转向系统

1—转向油罐；2—安全阀；3—转向液压泵；4—单向阀；5—机械转向器；6—转向动力缸；7—转向控制阀

2）液压助力转向系统的转向控制阀

（1）滑阀式转向控制阀。

阀体沿轴向移动来控制油液流量的转向控制阀，称为滑阀式转向控制阀，简称滑阀。其结构和工作原理如图9.19所示。

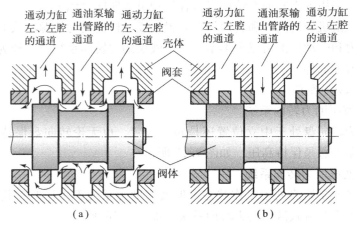

图9.19 滑阀结构与工作原理

(a) 常流式滑阀；(b) 常压式滑阀

（2）转阀式转向控制阀。

阀体绕其轴线转动来控制油液流量的转向控制阀，称为转阀式转向控制阀，简称转阀。其结构和工作原理如图 9.20 所示。

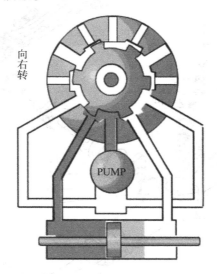

图 9.20　转阀结构与工作原理

6. 桑塔纳 2000 转向系统

1）总体结构与工作原理

桑塔纳 2000 型轿车的动力转向是在原机械式齿轮齿条转向器的基础上增加了储液罐、液压泵、控制阀及动力缸。转向器和动力缸、控制阀组合成一体，故称为整体式动力转向器。其结构与原理分别如图 9.21～图 9.23 所示。

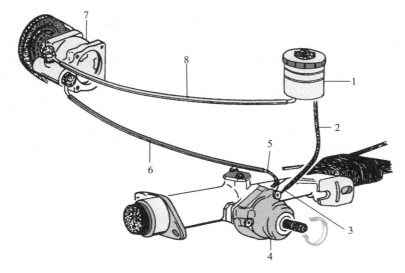

图 9.21　动力转向器及管路布置

1—储液罐；2—动力转向器出油软管；3—动力转向器出油硬管；4—动力转向器；5—动力转向器进油硬管；6—动力转向器进油软管；7—叶片式油泵；8—进油软管

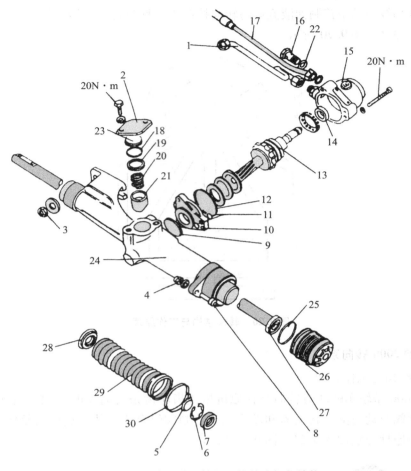

图9.22 液压动力转向机构的分解与检修

1—油管（40N·m）；2—压盖；3—自锁螺母（35N·m）；4—自锁螺母（20N·m）；5—齿形环；6—挡圈；7—齿条密封罩；8—圆柱内六角螺栓；9—圆绳环（4.2mm×2mm）；10—中间盖；11，12，18—圆绳环；13—转向机构主动齿轮；14，22—密封圈；15—阀门罩壳；16—管接头螺栓（30N·m）；17—回油管；19—补偿垫片；20—压簧；21—压块（槽孔对准中间顶盖）；23—密封压座（厚面朝上，套上绳环）；24—转向器外壳（拧紧固定螺栓时不可拧得太紧）；25—绳环（4.4mm×2.5mm，套上密封罩）；26—密封罩（50N·m，使用两只冲子，错开180°敲紧）；27—齿条；28—固定环（推至齿条挡块波纹管装到环形槽中）；29—防尘罩（转向器安装完毕后仍可更换波纹管）；30—软管夹箍（修理时使用螺旋软管夹箍朝串线板方向旋紧）

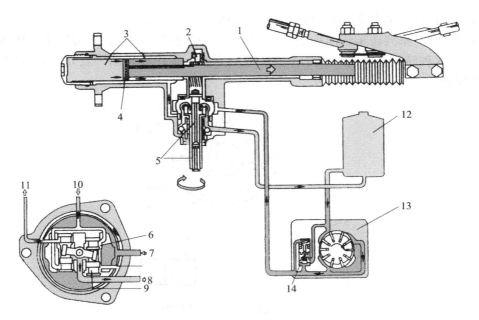

图 9.23　动力转向系统工作原理
1—齿条；2—齿轮；3—工作主缸；4—活塞；5—弹性扭力杆；6—控制阀；7—进油口；8—出油口；
9—柱塞阀芯；10—通向工作缸右边；11—通向工作缸左边；12—储液罐；13—液压泵；14—限位阀

控制阀为常流转式，上部的阀体为滑阀结构，阀体与小齿轮设计加工为一体。阀芯上有控制槽，阀芯通过转向齿轮轴上的拨叉来拨动。转向齿轮轴用销钉与阀中弹性扭力杆相连，扭力杆的刚度决定了阀的特性曲线，同时起到阀的中心定位作用。

液压泵（叶片泵）的额定流量为 6L/min，额定工作压力为 104kPa±4kPa，为了保证轿车在高速行驶时有较强的路感，泵的流量随发动机转速的提高呈下降趋势。为了保证转向系统的工作，防止液压系统工作压力超过允许的最大工作压力，在泵内装有一限压阀，当工作压力超过限压阀的额定值时，压力油通过限压阀卸压返回到吸油口。

发动机驱动液压泵，由液压泵的压力油通过控制阀，作用于转向器的齿轮、齿条上来实现转向，其工作原理如下：

当直线行驶时，方向盘处于中间位置，阀芯和阀套之间也处于中间位置，所有的控制口接通，液压油流经控制阀的阻力很小，液压泵处于空转状态，工作油缸不起作用。

当向右转动方向盘时，转向齿轮轴带动阀芯相对于阀套运动，改变了阀的控制口位置：右边旋转柱塞阀芯下降，开大过油通道，关闭回油通道；左边旋转柱塞阀芯上移，关闭进油通道，打开回油通道。根据右边旋转柱塞阀芯进油通道开度的大小，来控制流入工作缸左边液压油的流量和油压，而油压推动活塞向右运动，起到助力作用。同时，工作缸右边的液压油在活塞的作用下，通过打开的回油槽返回储液罐（见图 9.23）。

当向左转动方向盘时，情况与向右转动方向盘时相反。

采用动力转向后，由于液压阻尼力的增加，削弱了汽车转向回正能力，因此，桑塔纳 2000 轿车的前桥主销后倾角增大到 1°30′±30′，满足了汽车回正性的要求，改善了司机的"路感"，保证了汽车在高速行驶时的稳定性。

由于动力转向器的阀孔具有节流阻尼作用，减轻了因道路不平引起的方向盘抖动和打手,所以动力转向系统取消了机械式齿轮齿条转向系统中的转向减震器。

桑塔纳2000系列轿车转向控制阀采用的是常流转阀式结构,结构紧凑、操作可靠、工作灵敏。这种转阀在转向盘位于中间位置时常开,工作液压油一直处于常流状态,如图9.24所示。

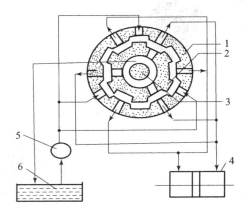

图9.24 转向控制阀工作原理

1—阀套;2—阀芯;3—扭杆;4—动力油缸;5—油泵;6—储液器

2)方向盘与转向管柱

方向盘与转向管柱的分解如图9.25所示,拆装与分解方向盘和转向管柱时可参照此图进行。

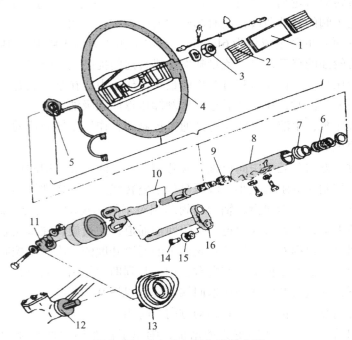

图9.25 方向盘与转向管柱分解

1—方向盘盖板;2—喇叭按钮盖板;3—方向盘与转向柱;4—方向盘;5—接触环;
6—压缩弹簧;7—连接圈;8—转向柱套管;9—轴承;10—转向柱上段;11—夹箍;
12—动力转向器;13—转向柱防尘橡胶圈;14—转向减振尼龙销;15—转向减振橡胶圈;16—转向柱下段

3）转向器

桑塔纳 2000 轿车采用的是整体式动力转向器，由转阀、齿轮齿条式转向器和转向动力缸组成的整体式动力转向器如图 9.26 和图 9.27 所示，转向动力缸的助力直接作用在齿条上，齿条的动力由一端输出（见图 9.26～图 9.28）。

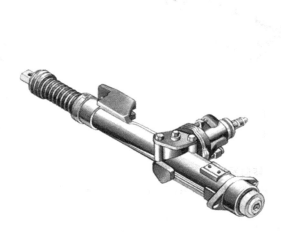

图 9.26　桑塔纳 2000 轿车转向器

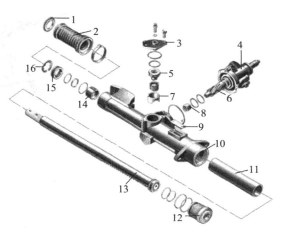

图 9.27　桑塔纳 2000 轿车转向器分解图

1—防尘罩挡圈；2—波纹防尘罩；3—盖板；4—转阀；
5—密封座；6—齿轮；7—压块；8—轴承；9—铭牌；
10—转向器壳体；11—缸筒；12—密封挡盖；13—齿条；
14—支撑衬套；15—齿条油封座；16—挡环

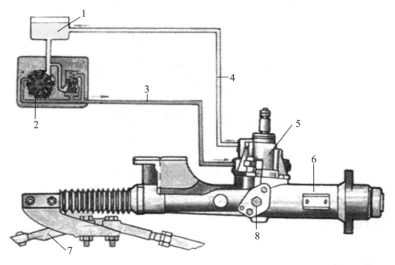

图 9.28　桑塔纳 2000 轿车动力转向简图

1—储液罐；2—油泵；3—高压油管；4—低压油管；5—转阀；6—转向动力缸；7—转向横拉杆总成；8—转向器

4）转向油罐与转向油泵

转向油罐和油泵是实现动力转向的必备部件，桑塔纳 2000 轿车动力转向系统如图 9.29 所示。转向油罐的作用是储存、滤清并冷却液压助力转向系统的工作油液，如图 9.30 所示。

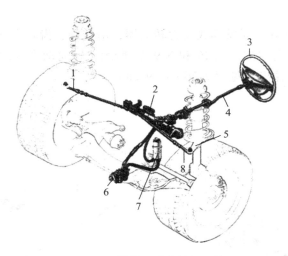

图 9.29 桑塔纳动力转向系统

1—右横拉杆；2—动力转向器；3—转向盘；4—转向轴；5—转向臂；6—叶片泵；7—转向油罐；8—左横拉杆

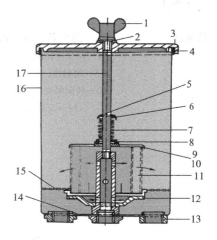

图 9.30 桑塔纳 2000 转向油罐

1—翼形螺母；2，10—垫圈；3—罐盖；4—罐盖封环；5—锁销；6，8—弹簧座；7—弹簧；
9—橡胶密封垫圈；11—滤芯；12—滤芯密封圈；13，14—油管接头座；
15—滤网片；16—罐体；17—中心螺栓

二、技能要求

1. 转向系技术参数

桑塔纳 2000 型轿车转向系主要技术参数见表 9.1。

表 9.1 桑塔纳 2000 型轿车转向系主要技术参数

项目	技术参数
方向盘直径/mm	400
转向柱与方向盘连接三角花键 　齿数/个 　模数/mm 　防松螺母 　拧紧力矩/N·m	 40 0.425 M16 45
动力转向器 　齿条工作行程/mm 　齿条可移动总行程/mm	 168 195~0.1
方向盘转动总周数/周	3.11
最小转弯半径/m	5.5
空载时内轮最大转角	40°18′
空载时外轮最大转角	35°36′

2. 转向柱的拆装与检查

1）转向柱的拆卸

转向柱上装有一套组合开关，包括点火开关、前风窗刮水及清洗开关、转向灯开关和远、近光变光开关，因此在拆卸前必须将蓄电池电源线断开，将转向指示灯开关放在中间位置，并将车轮处于直线行驶位置，然后按下列步骤进行拆卸。

（1）向下按橡皮边缘，撬出盖板。

（2）取下喇叭盖，拆卸喇叭按钮及有关接线。

（3）拆下转向盘紧固螺母，用拉器将转向盘取下。

（4）拆下组合开关上的三个平口螺栓，取下开关。

（5）拆下阻风门控制把手手柄上的销子，然后旋下手柄和环形螺母，取下开关。

（6）拆下转向柱套管的两个螺钉，拆下套管。

（7）将转向柱上端往下压，使上端端部法兰上的两个驱动销脱离转向柱下端，取出转向柱上端。

（8）取下转向柱橡胶圈，松开夹紧箍的紧固螺栓，拆下转向柱下端。

（9）用水泵钳旋转卸下弹簧垫圈，卸下左边的内六角螺栓，旋出右边的开口螺栓，拆下转向盘锁套。

2）转向柱的检查

检查转向柱有无弯曲、安全联轴节有无磨损或损坏、弹簧弹性是否失效，如有则应修理或更换新件。

3）转向柱的安装

安装应按拆卸的相反顺序进行，但同时应注意以下几点：

（1）转向柱与凸缘管应一起安装，并用水泵钳连接起来。

（2）应将凸缘管推至转向机构主动齿轮上，夹紧箍圈口应向外，注意不可用手掰开夹箍。

（3）转向柱管的断开螺栓装配时，应将螺栓拧紧至螺栓头断开为止，然后拧紧圆柱螺栓。

（4）车轮处于直线行驶位置、转向灯开关处于中间位置时才可装转向盘，否则在安装转向盘时若分离爪齿通过接触环上的簧片，则有可能造成损坏。

（5）应更换所有的自锁螺母和螺栓，转向支柱如有损坏，则不能焊接修理。

3. 动力转向器的拆卸和安装

1）动力转向器的拆卸

（1）吊起车辆，排放转向液压油（ATF润滑油）。

（2）拆下固定横拉杆的固定螺母，如图9.31所示。

（3）拆卸左前轮罩处的转向器固定螺栓，如图9.32所示。

（4）松开在转向控制阀外壳上的高压油管，如图9.33所示。

（5）拆卸后横板上固定转向器的左边自锁螺母，如图9.34所示。

（6）把车辆放下，拆卸紧固齿条与转向横拉杆的螺栓，如图9.35所示。

（7）拆卸仪表板侧边下盖、通风管和踏板盖。

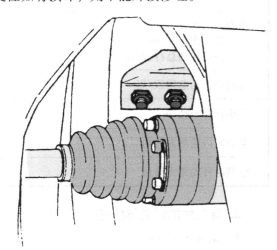

图9.31 拆卸横拉杆固定螺母

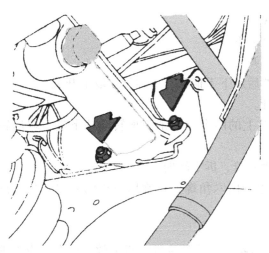

图9.32 拆卸左前轮罩处的转向器固定螺栓

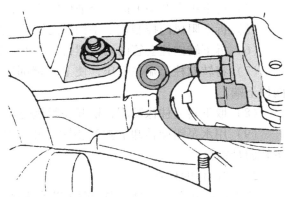

图9.33 松开高压油管

图 9.34　拆卸后横板上固定
转向器的左边自锁螺母

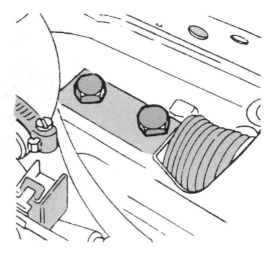

图 9.35　拆卸紧固齿条与转向
横拉杆的螺栓

（8）拆卸紧固转向小齿轮与下轴的螺栓（见图 9.36），并使各轴分开。

（9）拆卸防尘套。从汽车内部拆卸固定转向控制阀外壳上回油软管的泄放螺栓，如图 9.37 所示。

图 9.36　拆卸紧固转向小齿轮与下轴的螺栓

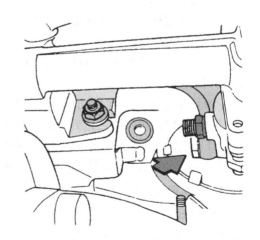

图 9.37　拆卸泄放螺栓

（10）拆卸后横板上转向器的固定自锁螺母，如图 9.38 所示。

（11）拆下转向器。

2）动力转向器的安装

安装时应注意：油泵和转向控制阀上固定泄放螺栓的密封环只要被拆卸，就应该更换。

（1）安装后横板的转向器，安装自锁螺母但不必完全拧紧。

（2）吊起车辆。

（3）在转向油泵上安装高压和回油软管，用 40N·m 的力矩拧紧螺栓，并使用新的密封

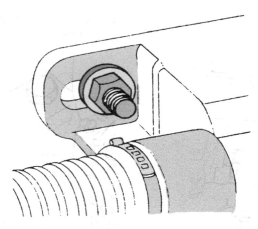

图 9.38　拆卸后横板上转向器的固定自锁螺母

圈；安装左前轮罩上的转向器固定螺栓，并用 20N·m 的力矩拧紧螺母；安装后横板上的转向器固定自锁螺母，并用 40N·m 的力矩拧紧螺母；把高压管固定在转向控制阀外壳上。

（4）把车辆放下。

（5）用 40N·m 的力矩拧紧后横板上转向器的固定螺母；安装横拉杆支架固定螺栓，并用 45N·m 的力矩拧紧；从车辆内部把回油软管安装在转向控制阀外壳上；安装保护网（防尘套）；连接下轴，安装固定螺栓，并用 25N·m 的力矩拧紧；安装踏板盖、通风管和仪表板盖。

（6）吊起车辆。

（7）安装固定横拉杆支架的自锁螺母，并用 45N·m 的力矩拧紧。

（8）把车辆放下。

（9）向储液罐内注入 ATF 油，直到达到标有"Max"处为止。注意：不能使用已排出的 ATF 油。

（10）吊起车辆。在发动机停止的情况下转动转向盘数次，以便把系统中存在的空气排出，并补充 ATF 油，使之达到标有"Max"处。

（11）起动发动机，完全向左和右转动转向盘，观察油面高度，一直操作到油面稳定在标有"Max"处为止。

4. 转向器齿轮密封圈的更换

（1）拆卸转向器。把转向器固定在台虎钳上，并拆卸弯曲棒的锁销，如图 9.39 所示。

（2）拆卸转向控制阀总成，如图 9.40 所示。

（3）拆卸转向控制阀外壳的密封圈，如图 9.41 所示。

（4）使用专用工具 VW065 和塑料铆头，把新的密封圈安装在转向控制阀外壳上，如图 9.42 所示。

5. 转向油泵的更换

1）转向油泵的分解

转向油泵的分解如图 9.43 所示，拆卸和安装转向油泵时均可参照此图进行。

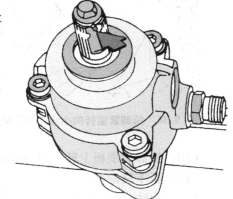

图 9.39　拆卸弯曲棒的锁销

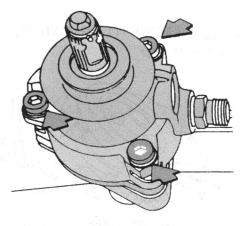

图9.40 拆卸转向控制阀总成

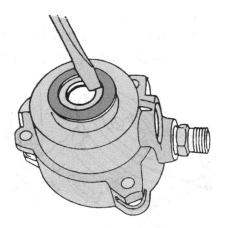

图9.41 拆卸密封圈

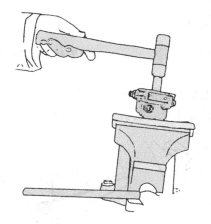

图9.42 安装密封圈

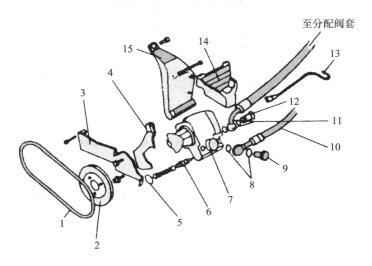

图9.43 转向油泵（叶轮泵）及其附件的分解图

1—V形带；2—带轮；3—夹紧夹板；4—前摆动夹板；5，11—密封环；6—压力和流量限制阀；7—叶轮泵；8—密封环；9，12—管接头螺栓；10—进油管；13，15—支架；14—后摆动夹板

（1）吊起车辆。
（2）拆卸油泵上回油软管中高压软管的泄放螺栓（见图9.44），排放ATF润滑油。
（3）拆卸转向油泵前支架上的张紧螺栓，如图9.45所示。

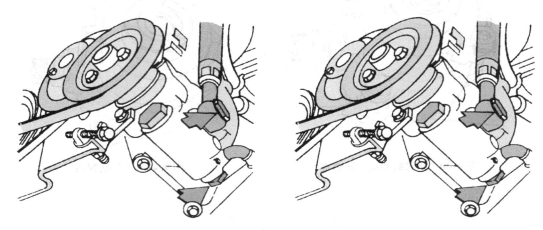

图9.44　拆卸泄放螺栓　　　　　图9.45　拆卸转向油泵前支架上的张紧螺栓

（4）松开转向油泵中心支架上的固定螺母和螺栓，如图9.46所示。
（5）把转向油泵固定在台虎钳上，拆卸滑轮和中间支架。

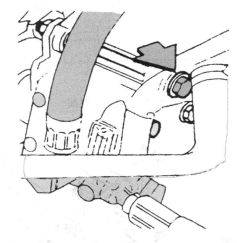

图9.46　松开转向油泵中心支架上的螺栓

2）转向油泵的安装

转向油泵的安装顺序与拆卸顺序相反。转向油泵安装完毕后应调整转向油泵V形带的张紧度，并加注ATF油液。

6. 转向系统的检查

1）检查系统密封性

转向系统密封性的检查应在热车时进行。

将转向盘快速朝左、右两侧转至极限位置，并保持不动，此时可产生最佳管内压力。目测检查转向控制阀、齿条密封件（松开波纹管软管夹箍，再将波纹管推至一旁）、叶轮泵、油管接头是否有漏油现象，如有渗漏应更换密封件。

如果发现储液罐中缺少 ATF 油，应检查转向系统的密封性是否完好。

当转向器主动齿轮不密封时，必须更换阀体中的密封环和中间盖板上的圆形绳环。

如果转向器罩壳中的齿轮齿条密封件不密封，则 ATF 油液可能流入波纹管套里，此时应拆开转向机构，更换所有密封件。

如油管接头漏油，则应查找原因并重新接好。

2）检查转向油泵压力

（1）将压力表装到连接管阀体和弹性软管之间的压力管中。

（2）起动发动机，如果需要，则向储液罐补充 ATF 油。

（3）快速关闭截止阀（关闭时间不超过 5 min），并读出压力数，表压额定值为 6.8~8.2MPa。

如果没有达到额定数值，则应检查压力和流量限制阀是否完好。如不正常，则应更换压力和流量限制阀，或更换叶轮泵。

3）检查系统压力

当发动机怠速工作时，打开压力表节流阀，使转向盘向左或右旋转极限位置，同时读出压力表上的压力。额定值表压为 6.8~8.2MPa。

如果向左或向右的额定值达不到要求，则需修理转向器或更换总成。

7. 故障分析

针对桑塔纳 2000 轿车转向不灵敏的故障，对可能的原因做如图 9.47 所示分析。

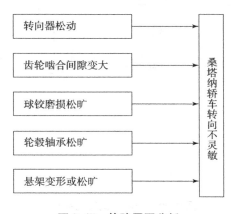

图 9.47 故障原因分析

三、知识拓展

1. 循环球式转向器

循环球式转向器中一般有两级传动副，第一级是螺杆螺母传动副，第二级是齿条齿扇传动副。其常用于各种轻型和中型货车，也用于部分轻型越野汽车，如图 9.48 所示。

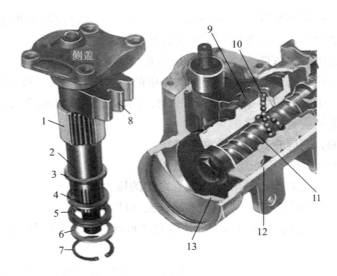

图 9.48 北京切诺基循环球式转向器

1—轴承；2—摇臂轴；3—单唇油封；4，6—支撑挡圈；5—双唇油封；7—弹簧卡环；
8—齿扇；9—转向螺母；10—钢球；11—转向螺杆；12—转向器壳；13—壳体端盖

转向螺杆转动时，通过钢球将力传给转向螺母，使螺母沿轴向移动。同时，在螺杆、螺母和钢球间摩擦力矩的作用下，所有钢球在螺旋管状通道内滚动，形成"球流"，如图 9.49 所示。

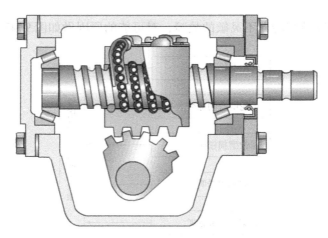

图 9.49 循环球式转向器结构

2. 蜗杆曲柄指销式转向器

具有梯形截面螺纹的转向蜗杆支撑在转向器壳体两端的球轴承上，蜗杆与锥形指销相啮合，指销用双列圆锥滚子轴承支承于摇臂轴内端的曲柄孔中。当转向蜗杆随转向盘转动时，指销沿蜗杆螺旋槽上下移动，并带动曲柄及摇臂轴转动，如图 9.50 所示。

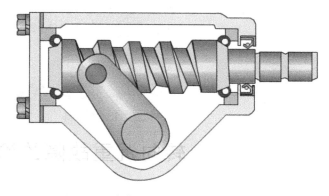

图 9.50 蜗杆曲柄指销式转向器的组成

学习情境十

转向沉重故障的诊断与修复

一、知识要求

电控动力转向系统可根据车速、转向情况等对转向助力实施控制,使动力转向系统在不同的行驶条件下都有最佳的放大倍率:在低速时有较大的放大倍率,可以减轻转向操纵力,使转向轻便、灵活;在高速时则适当降低放大倍率,以获得较佳的转向手感和路感,提高高速行驶时的操纵稳定性和安全性。其控制系统包括信号输入装置、ECU、执行器等组成部分。ECU 根据收集到的汽车行驶信息,经过分析计算,发出指令,以控制执行器调节转向助力的大小和方向。

1. 液压式电控动力转向系统

液压助力具有工作噪声小、灵敏度高、占用体积小,并能够吸收来自路面的冲击力及反应迅速等特点。纯液压助力转向系统(见图 10.1)的主要部件包括液压助力转向器、油泵、液压分配阀和助力器等。

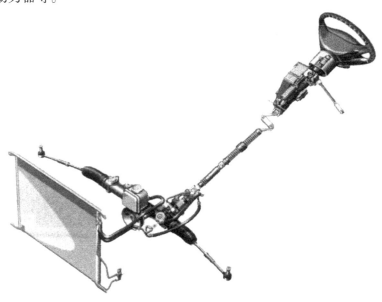

图 10.1 纯液压助力转向系统

液压分配阀与油泵组合成一体,助力器与转向器装在一起(见图10.2),中间用油路连接。油泵通过皮带带动,把油压输出到助力器。助力器壳体内有一个活塞,活塞连接着转向器的齿轮,活塞两端是腔室。当车辆直线行驶时,活塞两端压力相等,静止不动,油泵空转;转动方向盘时,液压分配阀将油液通过变化的通道进入助力器的一侧,使活塞两端产生压力差,迫使活塞移动到另一侧,帮助齿轮转动。于是转动方向盘的操纵力不再是直接迫使车轮转向的唯一作用力,同时可以减少方向盘的转数,特别是减小了停车转向时的操纵力。

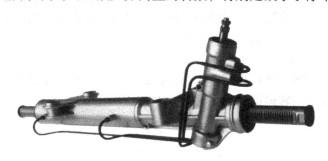

图10.2 液压助力转向系统转向器和助力器

然而,纯液压助力转向系统的助力不能随车速变化做出调整,于是液压式电控动力转向系统便出现了。液压式电控动力转向系统是在纯液压动力转向系统的基础上增设了电子控制装置而成的。增加了车速传感器、转向盘转角传感器等,以监测汽车的行驶状况;增加了ECU,用于接收信息、分析判断及计算出最佳放大倍率并发出指令,增加了电磁阀以执行ECU的指令及控制油泵的工作转速,以达到助力可变的目的。

液压式电控动力转向系统根据其控制方式不同,又可分为流量控制式EPS、反作用力控制式EPS和阀灵敏度控制式EPS三种形式。

1)流量控制式EPS

流量控制式EPS是在传统的纯液压式EPS的基础上增设压力油流量控制功能而成的(见图10.3)。其可根据车速传感器信号调节压力油,改变油液的输入输出流量,以控制转向力,结构简单、成本低。

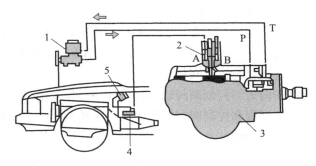

图10.3 流量控制式EPS

1—动力转向油泵;2—电磁阀;3—转向器(包括动力转向控制阀);4—ECU;5—车速传感器

电磁阀安装在通向转向动力缸活塞两侧油腔油道的旁通油道上。

EPS ECU根据车速传感器的信号,控制电磁阀的开启程度,从而控制转向动力缸两侧油腔的旁路液压油流量,进而改变转向助力的大小。

工作原理:

(1) 当车速很低时,ECU 输出的脉冲控制信号占空比很小,通过电磁阀线圈的平均电流很小,电磁阀开启程度也很小,旁路液压油流量很小,起助力作用的液压油流量大,所以液压助力作用大,使转向操纵轻便。

(2) 当车速提高时,ECU 输出的脉冲控制信号占空比增大,通过电磁阀线圈的平均电流增大,电磁阀开启程度也增大,旁路液压油流量增大,起助力作用的液压油流量减小,所以液压助力作用减小,使转向盘的路感增加。

2) 反作用力控制式 EPS

反作用力控制式 EPS:ECU 根据车速高低控制油压反作用力室的油压大小,从而改变输入输出增益幅度,以控制转向助力大小,如图 10.4 所示。

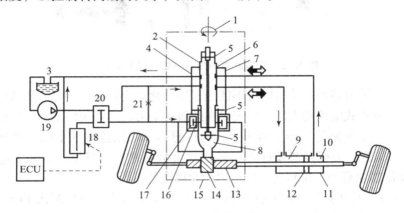

图 10.4 反作用力控制式 EPS

1—转向盘;2—扭力杆;3—储油箱;4—接口;5—销钉;6—转向控制阀阀轴;7—转向控制阀;
8—小齿轮轴;9—左室;10—右室;11—动力油缸;12—活塞;13—齿条;14—小齿轮;15—转向齿轮箱;
16—柱塞;17—油压反作用力室;18—电磁阀;19—转向助力油泵;20—分流阀;21—小节流孔

反作用力控制式 EPS 主要由转向控制阀、分流阀、电磁阀、转向动力缸、转向助力油泵、储油箱、车速传感器及 ECU 等组成。

转向控制阀 7 是在传统的整体转阀式动力转向控制阀的基础上增设了油压反作用力室 17 而构成的。扭力杆 2 上端通过销钉与转向控制阀阀轴 6 相连,下端与小齿轮轴 8 用销钉连接。小齿轮轴 8 的上端通过销钉与控制阀相连。

转向时,转向盘上的转向力→控制阀阀轴→扭力杆→小齿轮轴→控制阀。当转向力增大扭力杆发生扭转变形时,控制阀和控制阀阀轴之间将发生相对转动,于是就改变了阀与阀轴之间油道的通断关系和工作油液的流动方向,从而实现转向助力作用。

分流阀 20 的作用是将来自转向助力油泵 19 的油液向转向控制阀 7 一侧和电磁阀 18 一侧分流,按照车速和转速要求,改变控制阀 7 一侧和电磁阀 18 一侧的油压,确保电磁阀 18 一侧具有稳定的油液流量。

小节流孔的作用是把供给转向控制阀 7 的一部分流量分配到油压反作用力室 17 一侧。

柱塞 16 用于压紧控制阀轴。

电磁阀 18 用于调节油压反作用力室 17 中的压力高低。工作时,ECU 根据车速高低线性控制电磁阀的开口面积。

工作原理：

（1）当转向发生在车辆停驶或车速较低时，ECU 使电磁阀线圈的通电电流大、电磁阀开口面积大，经分流阀的油液大部分重新回流到储油箱中，这就使得油压反作用力室中的油压低，即柱塞 16 的背压低，于是柱塞对控制阀阀轴的反作用力（压紧力）小，此时只需较小的转向力即可使扭力杆扭转变形，使阀与阀轴发生相对转动而实现转向助力作用，转向轻便。

（2）当转向发生在车速较高时，ECU 使电磁阀线圈的通电电流小、电磁阀开口面积小，经分流阀的油液小部分重新回流到储油箱中，这就使得油压反作用力室中的油压高，即柱塞 16 的背压高，于是柱塞对控制阀阀轴的反作用力（压紧力）大，此时需较大的转向力才能使扭力杆扭转变形，使阀与阀轴发生相对转动而实现转向助力作用，即可获得良好的转向手感和转向特性。

反作用力控制式 EPS 的优点是具有较大的选择转向力的自由度，驾驶员能感受到路面状况，可以获得稳定的操纵手感，但结构复杂、成本高。

3）阀灵敏度控制式 EPS

阀灵敏度控制式 EPS 是 ECU 根据车速传感器信号控制电磁阀，以直接改变动力转向控制阀灵敏度（即油压增益）来控制转向助力大小的。

该系统对转向控制阀的转子阀做了局部改动：其可变小孔分为低速专用小孔（1R、1L、2R、2L）和高速专用小孔（3R、3L）两种，而且在高速专用小孔的油路设置了由电磁阀控制的旁通油路。其等效油路如图 10.5 和图 10.6 所示，结构如图 10.7 所示。

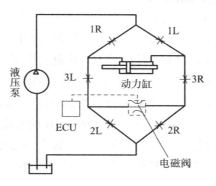

图 10.5　转子阀等效油路——低速

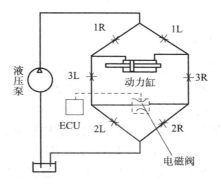

图 10.6　转子阀等效油路——高速

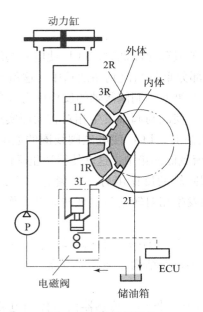

图 10.7 转子阀结构

工作原理：

（1）当车辆停驶或车速较低时，电磁阀完全关闭。如果此时向右转动方向盘，则专用小孔 1R 和 2R 在较小的转向扭矩作用下即可关闭，如图 10.7 所示。转向液压泵的高压油液经 1L 流向转向动力缸右腔，而动力缸左腔的油液经 3L、2L 流回储油箱。此时具有轻便的转向特性，而且施加在转向盘上的力矩越大，1L 和 2L 的开口面积就越大，节流作用就越小，动力缸左、右两腔的压差就越大，转向助力作用就越明显。

（2）随着车速升高，在 ECU 控制下，电磁阀开度线性增加。如果此时向右转动方向盘，转向液压泵的高压油液经 1L 流向转向动力缸右腔的同时，也经 3R 和电磁阀流回储油箱。此时，转向动力缸右腔的压力就取决于旁通电磁阀和 3R 的开度。

①车速越高，电磁阀开度越大，旁通流量越大，转向助力作用越小；

②在车速不变的情况下，施加在转向盘上的转向力越小，3R 的开度越大，转向助力作用越小。

可见，阀灵敏度控制式 EPS 可使驾驶员获得非常自然的转向手感和良好的速度转向特性。

2. 电动式电控动力转向系统

电动式电控动力转向系统是一种直接依靠电动机提供辅助转矩的电动助力转向系统；仅需要控制电动机电流方向和大小及电磁离合器，不需要复杂的控制机构；利用微机控制——为转向特性的设置提供了较高的自由度。

电动助力转向机克服了液压助力转向机自重大、结构复杂、对发动机的功率消耗大等缺点，并且容易实现助力可变，本田飞度、思域以及丰田新皇冠、奔驰新 A - Class 等纷纷开始采用。电动助力转向系统一般由转矩传感器、车速传感器、ECU、电动机、电磁离合器和减速机构等组成。

1）电动式电控动力转向系统的组成、工作原理和特点

（1）组成，如图10.8所示。

$$\left.\begin{array}{l}\text{转矩传感器}\\\text{车速传感器}\end{array}\right\}+\text{ECU}+\left\{\begin{array}{l}\text{电动机}\\\text{电磁离合器}\\\text{减速机构}\end{array}\right.$$

（2）工作原理。

汽车转向时，转矩传感器检测到转向盘的力矩和转动方向，并将这些信号输送到电控单元，电控单元根据转向盘的转动力矩、转动方向和车辆速度等数据向电动机控制器发出信号指令，控制电动机的电流，使电动机输出相应大小及方向的转动力矩而产生助力。

电控单元根据车辆速度信号，通过电动机输送给方向盘反作用力，增加高速行驶时的转向力度，给予驾驶员更多路感，以提高操纵稳定性和安全性。

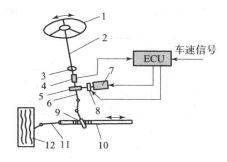

图10.8 电动式电控动力转向系统的组成

1—转向盘；2—转向轴；3—扭杆；4—转矩传感器；5—减速机构；6—输出轴；7—电动机；
8—电磁离合器；9—转向齿轮；10—转向齿条；11—转向横拉杆；12—转向轮

（3）优点。

①重量轻，结构简单。

②动力消耗低：当方向盘不转向时，电控单元不会向电动机控制器发出信号指令，电动机不工作，这是电动助力转向机相比于液压助力转向机更省油的原因之一。

③无液压油路。

④可方便地设置、修改转向助力特性。

2）电动式EPS主要部件的结构和工作原理

（1）转矩传感器，如图10.9所示。

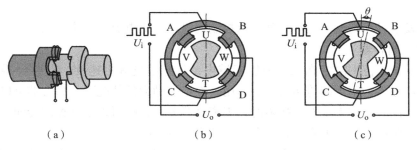

图10.9 无触点式转矩传感器

转矩传感器用于测量转向盘与转向器之间的相对转矩,是电动助力的依据之一。

在输出轴的极靴上分别绕有 A、B、C、D 四个线圈。

①转向盘处于中间位置(直驶)时,如图 10.9(b)所示,扭力杆的纵向对称面正好处于输出轴极靴 AC、BD 的对称面上。当在 U、T 两端加上连续的输入脉冲电压信号 U_i 时,由于通过每个极靴的磁通量相等,所以在 V、W 两端检测到的输出电压信号 $U_o=0$。

②转向时,如图 10.9(c)所示,由于扭力杆和输出轴极靴之间发生相对扭转变形,极靴 A、D 之间的磁阻增加,B、C 之间的磁阻减少,各个极靴的磁通量发生变化,于是在 V、W 之间出现了电位差。其电位差与扭力杆的扭转角和输入电压成正比。

所以,通过测量 V、W 两端的电位差就可以测量出扭力杆的扭转角,于是也就知道了转向盘施加的转矩。

(2)电动机。

电动式转向助力靠直流电动机产生扭矩,需要正确控制,图 10.10 所示为控制电路。

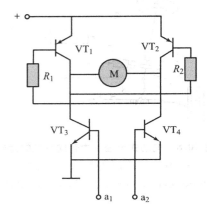

图 10.10　电动式 EPS 的电动机控制电路

a_1,a_2—触发信号端

①正反转控制。

当 a_1 端得到输入信号时,晶体管 VT_3 导通,VT_2 得到基极电流而导通,电流经 VT_2、电动机、VT_3 搭铁而构成回路,于是电动机正转。

当 a_2 端得到输入信号时,电流经 VT_1、电动机、VT_4 搭铁而构成回路,电动机则因电流方向相反而反转。

②助力大小控制。

控制触发信号端电流的大小,就可以控制通过电动机电流的大小,从而改变助力大小。

(3)电磁离合器。

电动机的工作范围限定在某一速度区域内,如果超过规定速度,则离合器使电动机停转,且离合器分离,不再起传递动力的作用。在不加助力的情况下,离合器可以清除电动机惯性的影响。同时,在系统发生故障时,因离合器分离,故可以手动控制转向。

图 10.11 所示为单片干式电磁离合器的工作原理。

当电流通过滑环进入电磁离合器线圈时,主动轮产生电磁吸力,带花键的压板被吸引而与主动轮压紧,于是电动机的动力经过主动轴、压板、花键、从动轴传递给执行机构。

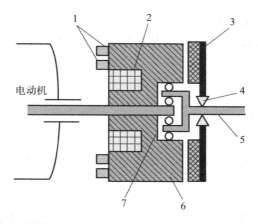

图 10.11 单片干式电磁离合器的工作原理
1—滑环；2—线圈；3—压板；4—花键；5—从动轴；6—主动轴；7—滚动轴承

（4）减速机构。

减速机构是把电动机的输出扭矩放大后，再传给转向齿轮箱的主要部件。

3. POLO 轿车电控液压助力转向系统

上海大众汽车有限公司生产的 2002 款波罗 SVW7144 装备了电动液压助力转向（EPHS）系统，它是德国大众典型的可变助力转向系统。新的转向系统虽然也靠液压来帮助驾驶员转向，但液压泵—齿轮泵都通过电动机驱动，在机械上与发动机毫无关系，作用效果只与转向角速度以及行驶速度有关。其他部分与传统的转向助力系统相同。

1）转向系统原理

EPHS 系统的转向助力大小主要取决于转向盘角速度和汽车行驶速度，同时 EPHS 控制单元还接受经 CAN—BUS 传送来的发动机信号和转向盘角度信号。EPHS 控制单元相对不同信号计算出液压油泵电动机对应的转速，从而对液压油泵电动机的转速进行控制，进而控制泵的流量，也就控制了在不同工况下转向助力的大小。

2）转向系统结构

POLO 轿车可变助力转向系统是由助力转向传感器 G250、电动泵总成、转向控制灯 K92 等部件组成的，如图 10.12 所示。

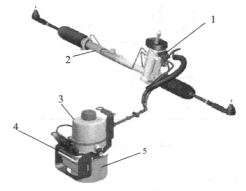

图 10.12 POLO 助力转向系统结构
1—助力转向传感器 G250；2—转向传动装置；3—储油罐；4—助力转向控制单元 J500；5—带电动机的齿轮泵

(1) 助力转向传感器 G250。

助力转向装置传感器 G250 位于转向传动装置上方,装在转向传动装置的输入轴上,如图 10.13 所示。

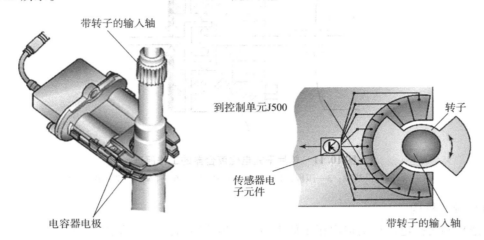

图 10.13　助力转向传感器 G250

其电路如图 10.14 所示,用于测定转向盘转角并计算出转向盘角速度。其不是一个绝对角度传感器,转向盘角度与转向盘转过的角度成正比。为了识别转向运动,助力转向装置控制单元中必须输入必要的信号。在不考虑车速的情况下,转向角速度越大,则泵的转速也越大,进而流量也越大。当传感器失灵时,助力转向系统即进入程序设定的紧急运行状态。此时转向功能得以保证,但转向较重。故障码存储在助力转向控制单元 J500 内。自诊断系统通过对功能故障存储器的访问,可识别传感器接地短路、接正极断路或短路故障,并能识别出传感器是否损坏。

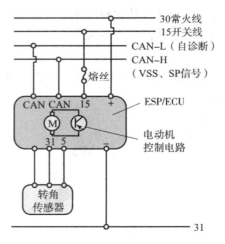

图 10.14　助力转向系统电路

(2) J500 助力转向控制单元。

控制单元集成在电动泵总成中,它根据转向盘角速度和车辆行驶速度发出信号来驱动齿轮泵。其瞬时供油量从控制单元储存的通用特性场图(见图 10.15)中读取。控制单元还能识别并储存运行中的故障,并具有再接通保护和温度保护功能。

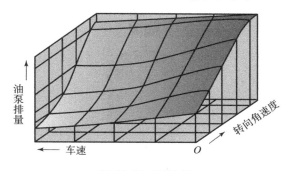

图 10.15　泵油量

①再接通保护功能。

电动液压助力系统在受到干扰、故障或撞车后具有一种再接通保护功能。在发生撞车的情况下这种再接通保护只需一个诊断仪即可被去除,如果发生其他故障,只要中断点火及发动机重新起动即可消除;如果电动泵总成过热,则必须等待大约 15min 后再通过发动机的起动去消除再接通保护;如果不能消除,则说明在车载网络中有故障或电动泵总成已损坏。

②泵的运转状态见表 10.1。

表 10.1　泵的运转状态

点火	发动机	泵	转向助力
接通	运转	运转	有
断开	停止	不运转	没有

③转向助力与车辆运行参数的关系见表 10.2。

表 10.2　转向助力与车辆运行参数的关系

车速	转向盘角速度	供油量	转向助力
小	大	大	大
大	小	小	小

3)电动泵总成

电动泵总成专用支架在发动机室左侧,用螺栓固定连接在减震器和轮壳之间的车架纵梁上。电动泵总成用橡胶轴承弹性地悬挂在支架上,并且用一个消音罩包封。在电动泵总成中,齿轮泵取代了助力转向系统中的伺服泵叶片泵。该齿轮泵不是直接由发动机来驱动,而是由一个集成在电动泵总成中的电动机驱动的。该电动机只有在点火接通及发动机运转情况下才工作。电动机和齿轮泵的转速由控制单元根据转向盘角速度、车速及发动机转速信号来控制。电动泵总成由带有齿轮泵、限压阀及电动机的液压单元及液压油的储油罐和助力转向控制单元组成,如图 10.16 所示。电动泵总成无须维护,其内部润滑由液压油来完成。

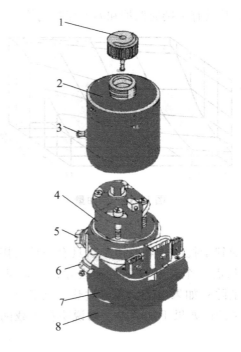

图 10.16　电动泵总成

1—密封盖；2—储油罐；3—回油口；4—齿轮泵；5—压力软管接口；6—橡胶轴承；7—助力转向控制器；8—电动机

4）电容式传感器。

固定在输入轴上的转子在一个小型平板电容器之间旋转，平板电容器的电容发生变化，传感器电子元件根据此电容的变化计算出助力转向装置控制单元所需的信号，其平面图如图 10.17 所示。

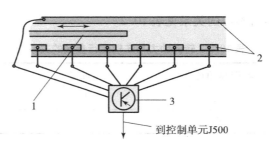

图 10.17　电容式传感器

1—转子；2—电容器电极；3—传感器电子元件

二、技能要求

1. 维修基本操作

1）检查油位

用储油罐密封盖上的机油标尺检查油位，检查步骤如下：

（1）拧下密封盖。

（2）用布擦干净机油标尺。

（3）用手将密封盖拧紧。

（4）拧开密封盖，观察标尺上显示的油位。液压油冷却时位置在下标记以下，液压油热时位置在上、下标记之间。

2）转向系统排气

（1）拆下左前车轮。

（2）拆下左前轮罩外壳。

（3）检查液压油位，如有必要则添加液压油。

（4）抬起车辆直至前轮悬空。

（5）关闭发动机后将方向盘从一个极限位到另一个极限位旋转10次。

（6）检查液压油位，如有必要可添加液压油。

（7）旋上液压油储油罐的密封盖，不要拧死。

（8）起动发动机并让其运转约10s。

（9）关闭发动机。

（10）检查液压油位，如有必要则添加液压油。

（11）旋上液压油储油罐的密封盖，不要拧死。

（12）重复下列工作步骤直至液压油位不再下降。

①起动发动机。

②将方向盘从一个极限位到另一个极限位旋转10次。

③关闭发动机。

④检查液压油位，如有必要则添加液压油。

（13）排气过程结束后，将密封盖拧紧在电动泵组的储油罐上。

3）检查转向系统的密封性

（1）拆下左前车轮。

（2）拆下消音板。

（3）拆下左前轮罩外壳。

（4）起动发动机，保持怠速运转。

（5）左、右旋转方向盘至极限位置并最多保持5~10s，从而生成最大的压力。

（6）检查压力管路和回油管路的密封性。

（7）检查所有管路接头的固定位置或软管接头，如密封不严，则用规定的力矩拧紧或更新密封件或管路。

（8）检查电动泵密封性，若电动泵密封性差，则进行更换。

（9）检查液压油储油罐的密封性。

（10）检查液压油位，如有必要则添加液压油。

4）电控部件检测

电控部件如 EHPS ECU、直流电动机、转角传感器、相关传感器及线路故障，可用故障检测仪调取故障代码的方法来检查、判断故障。

用 VAG1552 或 VAS5051 解码器，输入地址44可执行以下功能：

01——查询转向控制单元版本号；

02——查询故障存储器；

05——清除故障存储器中的内容；

06——结束输出；

07——转向控制单元编码；

早期产品编码为 00110，目前产品编码为 00140；

08——有 4 个数据块共 16 个数据。

2. 故障分析

大众 POLO 电控液压助力转向系统的常见故障位置有 4 处，即动力缸左、右两端和分配阀上、下两端，一般故障有油封漏油、分配阀密封圈漏油（内漏）、动力缸活塞密封圈漏油（内漏）、油泵失效和 EHPS ECU 故障。如油封或密封圈漏油，则应予以更换。

无论哪种电控动力转向系统，若在行驶过程中转向突然异常沉重，则故障基本都集中在电控部分。转向器的机械部分质量相对稳定。行驶中转向变得特别沉，最常见的是电控动力转向系统的某个传感器进水，导致短路故障，致使电控动力转向系统进入失效保护状态。

针对车辆行驶中转向沉重的故障，其可能出现的原因如下：

（1）转向传感器 G250 短路；

（2）车速传感器无输出；

（3）电动泵故障；

（4）ECU 故障；

（5）制动液不足；

（6）动力缸漏油；

（7）压力油管漏油。

三、知识拓展

1. 概述

汽车转向分为前轮转向（2WS）和四轮转向（4WS）两种。前者使用普遍，后者是近年才出现的一种新技术，主要应用于一些比较高级和新型的轿车（后轮转向系统如图 10.18 所示）。

图 10.18　后轮转向系统在后轴上的安装

1962年，日本工程师率先提出了以四轮转向提高车辆操纵稳定性的设想，直到二十多年后汽车的四轮转向系统才得到实际应用。

所谓四轮转向（4WS）是指后轮与前轮同样具有主动转向功能（而不仅仅是随动转向），后轮与前轮的相对转动方向有两种情况：同相位转向（即后轮与前轮同方向偏转，如图10.19所示）和逆相位转向（即后轮与前轮反方向偏转，如图10.20所示）。其主要目的是增强轿车在高速变道和转弯时的灵活性，改善低速时的操纵轻便性（减小最小转弯半径）。

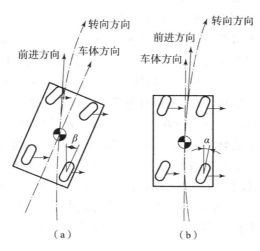

图 10.19　高速转向时 2WS 与 4WS 的比较

(a) 2WS；(b) 4WS

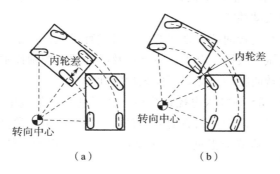

图 10.20　低速转向时 2WS 与 4WS 的比较

(a) 2WS；(b) 4WS

从汽车转向的基本过程来看，无论采取怎样的转向形式，都是使汽车在转弯时产生重心平移和绕着重心转动，这两种运动的结合促使汽车完成了转向的过程。当汽车方向盘的转角和车速都确定下来时，前轮转向汽车的行驶状态是单一的，而四轮转向汽车的行驶状态则会随着后轮与前轮之间的角度不同或相同而变得多种多样。这是两轮转向和四轮转向的根本差别之所在，也是后者比前者优越的关键之处。

汽车在做直线行驶时，由于受到车速和路面侧向风的影响经常会走偏，这时有四轮转向装置汽车的微处理机就会根据车速和前轮转角加以计算，确定后轮的转角数值，以变动对变动来保持车子行驶的稳定性。

汽车在转向时，会产生一个作用在轮子上的侧向力，作用力以重心高度为力臂产生一个垂直于轴线方向的扭矩，这个扭矩过大会产生侧翻，这种作用力在前后轮上的差别越大越不利于行车安全。而有四轮转向装置的汽车，前后轮会相互配合，减弱倾翻作用力，且侧滑也会减少，从而保障行车的安全。

四轮转向在泊车和高速时优势非常明显，在高速时的优势更加重要。汽车在高速行驶过程中进行转弯时，由公转（整个车辆以转向中心为圆心的转动）与自转（车辆绕重心点自身的转动）两种运动合成。图 10.19（a）所示为 2WS 车高速旋转时的状况。首先，若前轮进行转向，则前轮胎会产生滑动角 α，并产生旋转向心力，车身开始自转，使车身偏向，而后轮也产生滑动角 β，并产生旋转向心力，四轮的力量就分担自转与公转力，很快取得平衡，进行转向。速度越高，向心力越大，旋转向心力也越大（因为后轮也会产生相似的滑动角，使车身产生更大的自转运动），则车身越不稳定，容易产生车辆旋转或横滑。

理想的高速度旋转运动，应使车身方向与车辆行进方向尽量一致，以抑制多余的自转运动，使前后轮能产生充分的旋转向心力。由于 4WS 的后轮在高速时同前轮同方向转动，作用在前后轮的力度更接近，而且这种侧向力更为简单，所以 4WS 更有利于行车安全。4WS 相对于 2WS 更为灵活且又没有 2WS 的甩尾特性，较接近四驱的中性转向，拥有更高的弯路极限。如图 10.19（b）所示，在 4WS 车中，使后轮同相位转向，后轮也会产生滑动角 α，使其与前轮的旋转向心力平衡以抑制自转运动，最终使车身方向与车辆行进方向一致，即产生稳定的旋转。

车辆在低速行驶，只有前两轮转向时，转弯半径较大；而采用四轮转向时，后轮逆相位转向，旋转中心比 2WS 车更靠近车辆，即转弯半径更小，内径差也相应缩小，如图 10.20 所示，可大大提高车辆机动性能。

四轮转向轿车的前后轮转向装置之间的联系形式有机械式，也有液压式和电子式等。目前四轮转向装置已将机械、液压、电子、传感器及微处理机控制技术紧密结合在一起，在很大程度上改善了轿车的转向特性，提高了操纵稳定性。

除此之外，后期的 4WS 在加入电控系统后，甚至具有了某些电子稳定控制系统 ESP 的功能。汽车在直线行驶时，由于受到驱动力和路面侧风的影响经常会跑偏，这时有电控四轮转向装置的汽车的控制电脑就会根据车速和前轮转角等计算后轮的转角并通过液压装置实施，保持行进轨迹。

2. 四轮转向系统的类型

（1）按照前后轮的偏转角和车速之间的关系分，四轮转向系统有两种类型：一种是转角传感型，另一种是车速传感型（见图 10.21）。目前的四轮转向轿车有的采用转角传感型，也有的采用车速传感型，还有二者兼用的。

转角传感型是指前轮和后轮的偏转角度之间存在联系，即后轮可以按前轮偏转方向做同向偏转，也可以做反向偏转。

车速传感型按照预先输入的程序根据车速改变后轮的转动角度和方向，当车速高于某一设定值时，后轮与前轮同方向偏转，如图 10.19 所示；当低于某一设定值时，则后轮与前轮反方向偏转，如图 10.20 所示。

（2）按照控制方式的不同，四轮转向系统可分为机械式四轮转向系统（见图10.22）、机电组合式四轮转向系统（见图10.23）和电控四轮转向系统（见图10.24）三类。电子控制四轮转向技术是通过传感器感知车速、方向盘转角、车身的偏转等，并通过微电脑处理，由伺服电动机驱动后轮转向，响应时间在几十毫秒内。电控四轮转向系统又可分为电控—机械传动四轮转向系统（见图10.27）、电控—液压传动四轮转向系统（见图10.32）和电控—电动四轮转向系统（见图10.34）三类。

图10.21 世界上第一款采用速度传感型四轮转向机构的马自达MX-6轿车
1—速度传感器；2—方向机转向角传感器；3—控制单元；4—后轮转向机构；5—后轮转向控制机构；6—液压泵

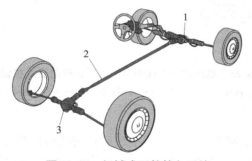

图10.22 机械式四轮转向系统
1—前轮转向器；2—转向角度传动轴；3—后轮转向器

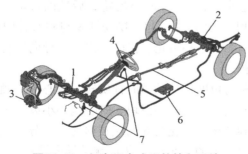

图10.23 机电组合式四轮转向系统
1—前轮转向器；2—后轮转向器；3—转向油泵；4—转向角度传感器；
5—转向角度传动轴；6—ECU；7—车速传感器

①机械式四轮转向系统。

如图10.22所示，机械式四轮转向系统是在普通机械转向系统的基础上又增加了后轮转向器（机械式，如图10.25所示），并且通过转向角度传动轴与前轮转向器连接，它是最简

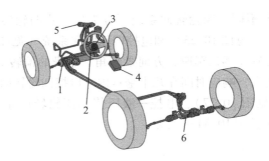

图 10.24 电控四轮转向系统
1—前轮转向器；2—转向油泵；3—转向角度传感器；4—ECU；5—主动悬架控制阀；6—后轮转向动力缸

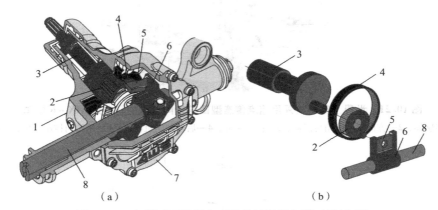

图 10.25 机械式四轮转向系统的后轮转向器（机械式）
1—转向器壳体；2—偏心小齿轮；3—偏心轴；4—齿圈；5—滑块；6—导向块；7—转向器盖；8—摆动杆

单的四轮转向系统。

机械式四轮转向系统是利用后轮转向器实现后轮的转向控制的。机械式后轮转向器主要由偏心轴3、偏心小齿轮2、齿圈4、滑块5、导向块6、摆动杆8等组成。齿圈4固定不转。偏心轴3用轴承支承在转向器壳体1内，其前端有花键，通过万向节与转向角度传动轴连接，后端有短轴颈驱动偏心小齿轮2。偏心小齿轮2后端的短轴颈驱动滑块5。滑块5驱动导向块6。导向块6与摆动杆8固定在一起。摆动杆8与左右转向横拉杆连接。转向角度传动轴的旋转运动通过偏心轴、偏心小齿轮、齿圈、滑块、导向块转换摆动杆的左右摆动，再带动转向横拉杆使后轮偏转。

当汽车向右转向时，转向角度传动轴顺时针旋转→偏心轴3顺时针旋转→偏心小齿轮2既绕齿圈轴线顺时针公转又逆时针自转→滑块5既随偏心小齿轮2旋转又在导向块6内上下滑动（亦即滑块5将2的旋转运动转化为6的左右移动）→导向块6左右移动→摆动杆8左右移动→后轮左右摆动。滑块5的水平运动（也就是导向块的运动）是先向右后向左（因为车辆直行时，偏心轴3后端的短轴颈处于下方）。后轮能够随方向盘的转动在5°之内产生与前轮先同方向后反方向（转向盘转过200°后）的偏转。

可见，这种转向特性与车速无关，并不符合提高汽车低速转向的机动性的要求。

②机电组合式四轮转向系统。

将车速信号引入了控制系统。后轮的偏转方向根据车速传感器提供的车速信号做出调节控制（电），而其偏转角度则由机械传动系统实施控制（机）。图10.26中前后车轮转向器分别由各自的液压系统驱动。当电控装置或液压装置失效时，在后轮转向器安全系统作用下后轮能够自动回正，将汽车恢复成2WS，确保行车安全，如图10.23和图10.26所示。

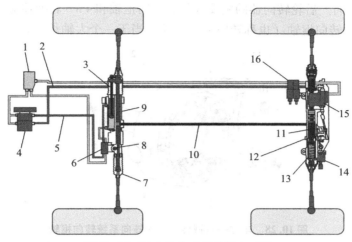

图10.26　机电组合式四轮转向系统

1—储油罐；2—后轮转向器进油管；3—前轮转向器动力缸；4—转向油泵；5—前轮转向器进油管；6—前轮转向器控制阀；7—前轮转向器；8—主动小齿轮（即方向盘）；9—前轮转向器齿条；10—转向角度传动轴；11—动力输出杆；12—转向比例传感器；13—回位弹簧；14—步进电动机；15—后轮转向器控制阀；16—失效安全电磁阀

此种控制方式，后轮的偏转方向与方向盘转角无关，而是通过车速传感器由车速控制。当车速低于35km/h转向时，后轮逆相位偏转，实现了低速时提高转向灵敏度的要求；当车速高于35km/h转向时，后轮同相位偏转，以保证高速转向时汽车良好的操纵稳定性。但后轮的偏转角度仍直接与方向盘转角的大小产生随动关系。

③电控—机械传动四轮转向系统。

a. 系统组成，如图10.27所示。

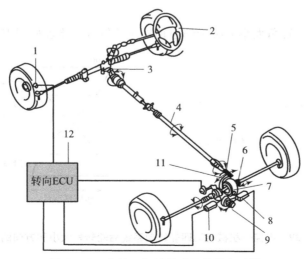

图10.27　电控—机械传动四轮转向系统

1—车速传感器；2—转向盘；3—输出小齿轮；4—连接轴；5—输入小齿轮；6—连杆；
7—转向枢轴；8—伺服电动机；9—4WS转换器；10—主电动机；11—扇形齿轮；12—4WS开关

前后轮的转向机构是机械传动。转向盘的转动传到前轮转向器，在控制前轮转向的同时，又通过输出小齿轮将转向盘的转动传递到连接轴（即转向角度传动轴），再传给后轮转向器，控制后轮转向。后轮转向器的主要部件有转向枢轴和4WS转换器等。

b. 转向枢轴：转向枢轴（也称转向节）实质相当于一个大轴承，如图10.28所示。

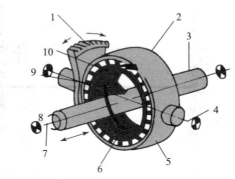

图10.28 电控—机械传动四轮转向系统转向枢轴
1—扇形齿轮；2—转向枢轴；3—连杆；4—枢轴左、右旋转中心；5—外座圈；
6—内座圈；7—连杆旋转中心；8—偏心轴轨迹；9—偏心轴；10—连接处

转向枢轴由扇形齿轮、外座圈、内座圈、偏心轴、连杆（继电器杆）等组成。扇形齿轮受输入小齿轮驱动。外座圈与扇形齿轮为一整体，一起在输入小齿轮的作用下绕枢轴左、右旋转中心摆动。内座圈与外座圈之间可相对转动。偏心轴外端与内座圈铰接，内端与连杆固定在一起。连杆的运动有两种：一种是沿其轴线方向的左右摆动，是受偏心轴驱动而产生的；另一种是绕其轴线的转动，是受后轮转向器电动机驱动产生的。当连杆在电动机驱动下旋转时，通过偏心轴可带动内座圈相对于外座圈转动。

细化后的后轮转向动力传递路线为：转向盘→前轮转向器→输出小齿轮→连接轴→输入小齿轮→扇形齿轮→转向枢轴外座圈→转向枢轴内座圈→偏心轴→连杆→转向横拉杆→后轮偏转。

后轮的偏转方向和转角大小取决于偏心轴外端的位置，原理如图10.29所示。

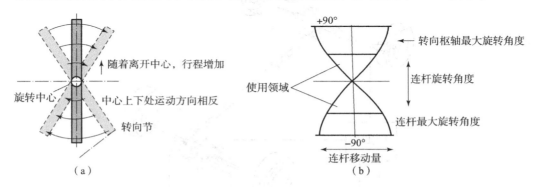

图10.29 电控—机械传动四轮转向系统后轮转角大小和方向的原理

当偏心轴外端在枢轴左右旋转中心线上时，无论枢轴怎样摆动，偏心轴外端都不会左右摆动，连杆也不会左右摆动，后轮也不会偏转。

当偏心轴外端不在枢轴左右旋转中心线上时，随枢轴的摆动，偏心轴外端也会左右摆动，连杆随之左右摆动，后轮随之偏转；而且在相同的枢轴摆动角度下，偏心轴外端离枢轴左右旋转中心线越远，后轮偏转角度越大。

当偏心轴外端分别在枢轴左右旋转中心线上方和下方时，即枢轴摆动方向相同，而连杆的摆动方向却是相反的，亦即后轮的偏转方向也是相反的。

综上所述，可以通过改变偏心轴的角度来改变后轮的偏转角度和方向，具体工作过程如图 10.30 所示。

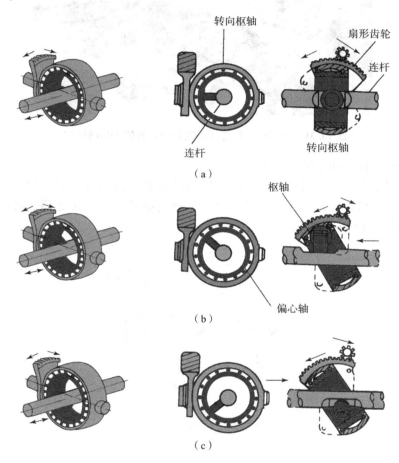

图 10.30　电控—机械传动四轮转向系统后轮转角大小和方向的实现
(a) 后轮不转向时；(b) 后轮逆相位转向时；(c) 后轮同相位转向时

c. 4WS 转换器，如图 10.31 所示。

4WS 转换器由主电动机和副电动机的驱动部分、行星齿轮减速机构及旋转连杆的蜗杆组成。行星齿轮机构的太阳轮与副电动机的输出轴相连，行星架与主电动机的输出轴相连，齿圈就是 4WS 转换器的输出轴。

通常主电动机转动而副电动机不转，所以太阳轮不转，而是主电动机驱动行星架带动齿圈旋转。此时为逆相位转向。

当主电动机不转而副电动机旋转时，副电动机驱动太阳轮带动齿圈旋转。此时为同相位转向。

图 10.31　电控—机械传动四轮转向系统的 4WS 转换器

④电控—液压传动四轮转向系统。

其系统组成如图 10.32 所示。电控—液压传动四轮转向系统主要由储油罐、转向助力泵、分流阀总成、后轮控制阀、后轮动力缸、车速传感器、轮速传感器、转向盘转角传感器、油压传感器及 ECU 等组成。

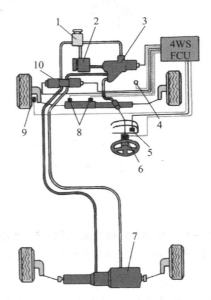

图 10.32　电控—液压传动四轮转向系统组成

1—储油罐；2—转向助力泵；3—分流阀总成；4—车速传感器；5—4WS 报警灯；
6—转角传感器；7—动力缸；8—油压传感器；9—轮速传感器；10—后轮控压阀

系统工作原理如图 10.33 所示。

a. 分流阀总成。

分流阀由滤网、移动阀、电磁阀等组成。从转向助力泵输出的油经 E 孔进入分流阀，ECU 控制电磁阀，推动移动阀，从而改变通向前轮转向助力器与后轮控制阀（经 F 孔）的

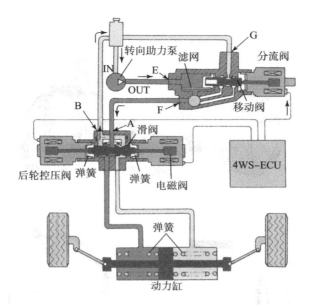

图 10.33　电控—液压驱动四轮转向系统工作原理

油压和流量，并使多余的油液流回储油罐（经 G 孔）。分流阀中有滤网，用于滤清转向助力油。

b. 后轮控制阀（后轮控压阀）。

后轮控制阀对后轮转向起控制作用，两端各有一个电磁阀。滑阀在电磁阀作用下移动位置时，改变油路可实现不同相位的后轮转向。

c. 工作原理。

当不需要后轮转向时，ECU 不向后轮控制阀的两电磁阀通电，滑阀处于中间位置，从 A 孔进入的油液直接到达 B 孔，后轮动力缸的两腔无压差，后轮不转向。

当需要后轮向左转向时，ECU 向后轮控制阀的右侧电磁阀通电，滑阀左移，从 A 孔进入的高压油液不再直接到达 B 孔而是到达后轮动力缸的左腔，推动动力缸活塞右移，右腔的油液经后轮控制阀→B 孔→储液室，后轮被操纵向左偏转。

当需要后轮向右转向时，ECU 向后轮控制阀的左侧电磁阀通电，滑阀右移，从 A 孔进入的高压油液不再直接到达 B 孔而是到达后轮动力缸的右腔，推动动力缸活塞左移，左腔的油液经后轮控制阀→B 孔→储液室，后轮被操纵向右偏转。

⑤电控—电动四轮转向系统。

系统组成如图 10.34 所示。其后轮以电动机驱动的方式实现转向。前后轮转向器之间无任何机械连接或液压连接，因此具有结构简单、重量轻、制造成本低、整体布置方便灵活，且能够获得更加精确和复杂的后轮转向等优点。

ECU 采集转向盘转角和转动速度、车速、前后轮转向角度等信息，经过分析计算，发出指令，控制电动机，电动机驱动循环球螺杆机构，通过万向节传递到左右横拉杆，对后轮的转角和方向进行调节。

a. 主前转角传感器，结构如图 10.35 所示，主前转角传感器安装在组合开关下面的转向柱上，其中包括测量方向盘转动速度和方向的两个传感器。转动速度传感器包含一排在传

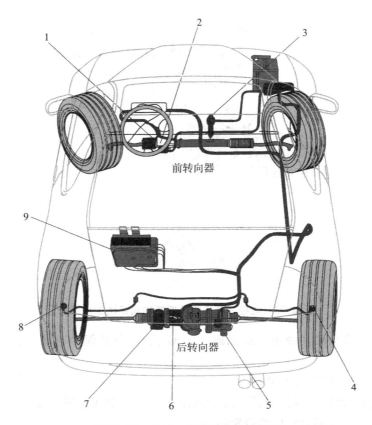

图10.34 电控—电动四轮转向系统

1—主前转角传感器；2—副前转角传感器；3—车速传感器；4,8—后轮转速传感器；
5—副后转角传感器；6—后轮转向器；7—主后转角传感器；9—ECU

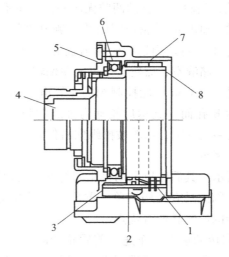

图10.35 主前转角传感器

1—霍尔集成电路片；2—监测记录元件；3—输出线路；
4—锁颈；5—锁壳；6—轴承；7—塑料磁铁；8—磁转子

感器下方转动、变换磁性的磁铁。当转动方向盘时，转动速度传感器向 ECU 发送转向盘转速和前轮转角信号。转动方向传感器包含一个绕转向柱的环形磁铁，这个磁铁有一个 N 极和一个 S 极。ECU 利用转动方向传感器传来的信号确定转向盘的转动方向。

b. 副前转角传感器。安装在前轮齿轮齿条式转向器中，用于测量前轮的转角。

c. 后轮转向器，结构如图 10.36 所示。

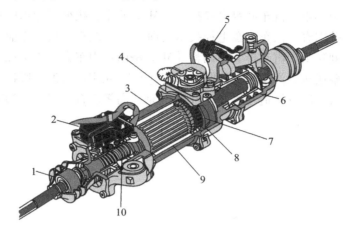

图 10.36 电控—电动四轮转向系统后轮转向器
1—转向轴螺杆；2—主后转角传感器；3—定子；4—转向执行器壳体；
5—副后转角传感器；6—回位弹簧；7—换向器；8—电刷；9—转子；10—循环球螺杆

后轮转向器主要包括电动机（由定子 3、转子 9 组成）、循环球螺杆机构等，还安装有主、副两个后转角传感器。

参考文献

[1] 蒋卫东，田琳琳．汽车底盘电控技术［M］．北京：机械工业出版社，2010．
[2] 蒋卫东，孙志春．汽车底盘电控技术实训［M］．北京：机械工业出版社，2008．
[3] 孙志春，刘猛洪．汽车拆装与调整［M］．济南：山东大学出版社，2011．
[4] 谢云叶，蔡旭东．汽车车身诊断与修复［M］．北京：石油出版社，2014．
[5] 张红伟．汽车底盘构造与维修［M］．北京：高等教育出版社，2005．